（唐）釋道宣 撰

宋思溪藏本廣弘明集

第九册

國家圖書館出版社

第九册目録

卷二十五

廣弘明集 オ二十四

四百七十八
聚四

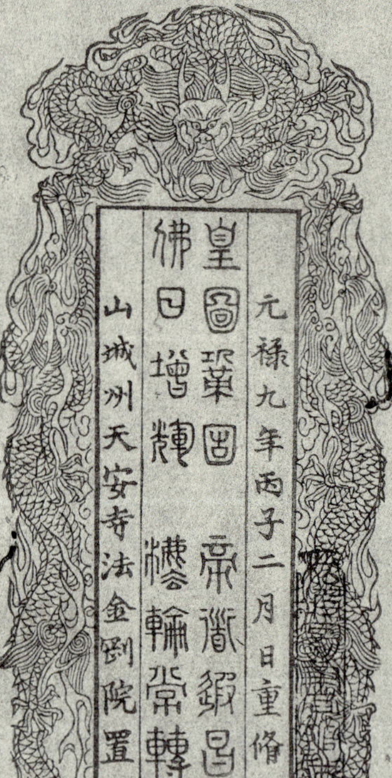
元祿九年丙子二月日重脩
皇圖鞏固　帝道遐昌
佛日增輝　法輪常轉
山城州天安寺法金剛院置

廣弘明集卷第二十四　聚

大唐西明寺釋　道宣　撰

僧行篇第五之二

沙汰僧徒詔　宋武帝

褒揚僧德詔七首　元魏孝文帝

述僧中食論　南齊沈休文

述僧設會論　沈休文

議沙汰僧詔并荅　北齊文宣帝

弔道澄法師亡書　梁簡文帝

與東陽盛法師書　梁王筠

與汝南周顒書　梁釋智林

與舉法師書　梁劉峻一名孝標

與皎法師書并荅　梁王曼頴

弔震法師亡書　梁劉之遴

與震兄李敬胐書　同上作

弔僧正京法師亡書　同上作

東陽金華山栖志　梁劉孝標

與徐僕射述役僧書　陳釋真觀

諫仁山深法師罷道書　陳徐陵

諫周祖沙汰僧表　周釋曇積

貽命禪師書并慧命禪師荅書　晉戴逵

弔延法師亡書　隋薛道衡

沙汰僧徒詔　宋武帝

門下佛法訛替沙門混雜未足扶濟鴻教而

專成逋藪加以姦心頻發內狀屢聞敗道亂
俗人神交忿可付所在與寺耆長精加沙汰
後有違犯嚴其誅坐主者詳為條格速施行

褒揚僧德詔 七首

元魏孝文帝帝以僧顯為沙門都統詔第一

門下近得錄公等表知欲早定沙門都統比
考德選賢寤寐勤心繼佛之任莫知誰寄或
有道高年尊理無勞紆或有器玄識邈高挹
塵務今以思遠寺主法師僧顯仁雅欽韻澄
風柔鏡深敏潛明道心清亮固堪茲任式和
妙衆近已口白可勑令為沙門都統又副儀
貳事緇素攸同頃因曜統獨濟遂廢茲任今

欲毗德贊善固須其人皇舅寺法師僧義行恭神暢温聰謹正業茂道優用膺副翼寺都維那以光賢徒

帝立僧尼制詔 第二

門下凝覺澄沖事超俗外淵模崇賾理寄忘言然非言何以釋教非世何能表眞是以三藏舒風必資譏典六度攜化固憑尺波自像教東流千齡已半秦漢華俗制禁弥密故前世英人隨宜興例世輕世重以裨玄奧先朝之世當爲僧禁小有未詳宜其修立近見沙門統僧顯等白云欲更一刊定朕聊以淺識共詳至典事起怱怱觸未詳究且可設法一

時粗救世世敎殿須立白一向更釐厥衷

帝聽諸法師一月三入殿詔 第三

門下崇因賛業莫若宗玄裨神淥志詎先英哲故周旦著其朋之誥釋迦唱善知之文然則位尊者以納賢爲貴德優者以親仁爲尚朕雖寡昧能無庶幾也先朝之世經營六合未遑內範遂令皇庭闕高邈之容紫闥簡超俗之儀於欽善之理福田之資良爲未足將欲令懿德法師時來相見進可餐稟道味退可飾光朝庭其勅殿中聽一月三入人數法諱別當牒付

帝令諸州衆僧安居講說詔 第四

門下馮玄歸妙固資冥風餐慧習慈實鍾果智故三炎檢攝道之恒規九夏謳詮法之嘉猷可勑諸州令此夏安居清衆大州三百人中州二百人小州一百人任其數處講說皆僧祇粟供備若粟尠徒寡不充此數者可令昭玄量減還聞其狢欽旌賢匠良推叡德勿致濫濁情茲後進

贈徐州僧統并設齋詔 笙

門下徐州道人統僧逞風識淹通器尚倫雅道業明博理味淵澄清聲茂譽早彰於徐沛英懷玄致夙流于譙宋比唱法北京德芬道俗應供遑遑美敷宸宇仁叡之良朕所嘉重

依因既終致茲異世近忽知聞悲怛于懷今
路次兖濮青泗豈遥愴然念德又增厥心可下
徐州施帛三百疋以供追福又可爲設齋五千人

歲施道人應統帛詔 第六

門下應統仰紹前哲繼軌道門微佇玄範沖
猷是託今既讓俗名理宜别供可取八解之
義歲施帛八百疋准四輩之貺隨四時而給
又修善之本寔依力命施食之因内典所美
可依朝官上秩當月而施所以遠譬深理者
匪獨開崇俗心抑亦奬勵道意耳

帝爲慧紀法師亡施帛設齋詔 第七

門下徐州法師慧紀凝量貞遠道識淳虚英

素之操超然世外綜涉之功斯焉罕倫光法彭方聲茂華裔研論宋壤宗德遠迩爰於往辰唱諦鹿苑作匠京緇延賞賢叢條矣死魔忽殲良器闇之悲哽傷慟于懷可勑徐州施帛三百疋并設五百人齋以崇追益

述僧中食論　南齊沈休文

人所以不得道者由於心神昏惑心神所以昏惑由於外物擾之擾之大者其事有三一則勢利榮名二則妖妍靡曼三則甘旨肥濃榮名雖日用於心要無晷刻之累妖妍靡曼方之已深甘旨肥濃爲累甚切萬事云云皆三者之枝葉耳聖人知不斷此三事求道無

從可得不得不爲之立法使簡而易從也若直云三事感本並宜禁絶而此三事是人情所甚感念慮所難遣雖有禁約之旨事難卒從譬於方舟濟河豈不欲直至彼岸河流既急會無直濟之理不得不從流邪靡久而獲至非不願速事難故也禁此三事宜有其端何則食之於人不可頓息其於情性所累莫甚故推此晚食併置中前自中之後清虚無事因此無事念慮得簡在始未專在久自習於是束以八支紆以禁戒靡曼之欲無由得前榮名衆累稍隨事遣故云往古諸佛過中不餐此蓋是遣累之筌第適道之捷徑而或感

謂止於不食此乃迷於向方不知厥路者也

述僧設會論　沈休文

夫修營法事必有其理今世召請衆僧止設一會當由佛在世時常受人請以此擬儀故也而佛昔在世佛與衆僧僧伽藍内本不自營其食具也至時持鉢往福衆生今之僧衆非唯持中者少乃有朡滋甘腴厨膳豐豪者今有加請召並不得已而後來以滋腴之口進蔬藪之具延頸蹙頞困不能甘既非樂受不容設福非若在昔不得自營非資四輩身口無託者也此以求福不其反乎篤而論之其義不尒何者出家之人本資所乞戒律昺然

無許自立厨帳并畜淨人者也今既取足寺内行乞事斷或有持鉢到門便呼爲僧徒鄙事下劣既是衆所鄙耻莫復行乞悠悠後進求理者寡便謂乞食之業不可復行白淨王子轉輪之貴持鉢行詣以福施者豈不及千載之外凡庸沙門躬命僕竪自營口腹者乎今之請僧一會既可髣像行乞行乞受請二事不殊若以今不復行乞又不請召則行乞求法於此永冥此法既冥則僧非佛種佛種既離則三寶墜于地矣今之爲會者宜追想在昔四十九年佛率比丘入城乞食威儀舉止動目應心以此求道道其焉適若以此運

心則爲會可矣

議沙汰釋李詔 并荅　北齊文宣帝

問朕聞專精九液鶴竦玄州之境苦心六歲釋擔煩惱之津或注神鬼之術明尸解之方或説因緣之要見泥洹之道是以太一闡法竟於輕舉如來證理環於寂滅自祖龍寢迹劉莊感夢從此以歸紛然遂廣至有委親遺累棄國忘家舘舍盈於山藪伽藍遍於州郡若黃金可化淮南不應就戮神威自在央掘豈得爲剥若以御龍非實荆山有攀髯之戀控象爲虛瀍洛寤夜光之詭是非之契朕實惑焉乃有緇衣之衆參半於平俗黃服之徒

數過於正戶所以國給爲此不充王用因兹
取乏欲擇其正道蠲其左術一則有潤邦家
二則無惑群品且積競懸來行之已久頓於
中路沙汰實難至如兩家升降二途修短可
指言優劣無鼠首其辭　臣樊孝謙謹奉　詔
對曰臣聞天道性命聖人所不言蓋以理絶

涉求難爲稱謂伯陽道德之論莊周逍遥之
旨遺言取意猶有可尋至若王簡金書神經
秘録三尸九轉之奇絳雪玄霜之異淮南成
道犬吠雲中王喬得仙劒飛天上皆是憑虚
之説海棗之談求之如繫風學之如捕影而
燕君齊后秦皇漢帝信彼方士冀遇其眞徐

福去而不歸欒大往而無獲猶謂昇霞倒影
抵掌可期祭鬼求神庶或不死江壁既反還
入驪山之墓龍媒已至終下茂陵之墳方知
劉向之信洪寶毀有餘責王充之非黄帝此
爲不朽又末葉已來大存佛教寫經西土畫
像南宮昆池地墨以爲劫燒之灰春秋夜明
謂是降神之日法王自在變化無窮置世界
於微塵納須弥於黍米蓋理本虚無示諸方
便而妖妄之輩苟求出家藥王燔軀波崙灑
血假未能然猶當剋念寧有改形易貌有異
世人恣意放情還同俗物龍宫餘論鹿野前
言此而得容道風將墜伏惟陛下受天明命

屈己濟民山鬼効靈海神率職湘中石鷰沐時雨而群飛臺上銅烏噤和風而獨轉但周都洛邑治在鎬京漢宅咸陽魂歸豐沛汾晉之地王迹惟始既疲遊幸且勞經略猶復降情文苑斟酌百家想執玉於瑤池念求珠於赤水竊以王母獻環由感舜德上天賜珮實報禹功兩馬記言二班書事不見三世之辭無聞一乘之旨帝樂王禮尚有時而沿革左道怪民亦何疑於沙汰臣某謹對

弔道澄法師亡書 梁簡文

省啓承尊師昨夜涅槃甚深悲怛法師志業淹明道風淳素戒珠瑩淨福翼該圓加以識

見冥通心解遠察記落雨而必然稱黑牛而
匪謬服膺者無遠近蒙益者兼道俗弟子自
言旋京輦便伸結緣豈謂一息不追奄至乎
此然勝業本深智刀久利必應遊神寶地騰
跡淨天但語其乳池啓殯香棺入室不入空
心乎何不慟但如來降生之迹因此而入泥
洹正當其生住滅靡有定相先聖後賢何其
形響推校因緣未始有倒上人等並在三歲
積始終稟道宜應共相策勉弘遵舊業使道
場無斷利益不墜所襚物輒如法供養奈何
奈何

與東陽盛法師書　梁王筠

菩薩戒弟子王筠法名慧炬稽首和南問訊東陽盛法師弟子昔因多幸早蒙覲接歲月推流踰三十載欽慕風德獨盈懷抱間以山川無由禮敬司馬叅軍仰述存眷曲垂訪憶既荷録舊之情兼佩慇懃之旨歡欣頂戴難爲譬説仰承垂和履福享年九十有四嗤縴人之未高同殷宗之遐壽且耳長直已過頂齒剛曾不先落延華駐彩怡神輔性自非宿殖善因何以招斯勝果尊年尚齒之誠懷德敦舊之欵依風慕道之深欣羡景仰之至與居在念寤寐載懷弟子限此樊籠迫兹纓鏁無由問道撫躬如失庶心期冥會咫尺江山

道術相忘棄置形迹唯願敬勗保此期頤赤松朱髮復何足貴飛錫騰軀眞在且夕指陳丹款殊未伸暢儻惠一言豈不幸甚弟子鈎稽首和南

與汝南周顒書　梁釋智林

近聞檀越叙二諦之新意陳三宗之取捨聲殊恒律雖進物不速作論已成隨喜充遍物非常重又承檀越恐立異當時干犯學衆製論雖成定不必出聞之懼然不覺興悲此義旨趣似非初開妙音中絶六十七載理高常韻莫有能傳貧道年二十時便參得此義常謂藉此微悟可以得道竊每歡喜無與共之

年少見長安耆老多云關中高勝迺舊有此義常法集盛時能深得斯趣者本無多人既抱越常情後聽進受便自甚寡傳通略無其人貧道捉麈尾已來四十餘年東西講説謬至一時其餘義統頗見宗録唯有此途百里無人得者貧道積年迺爲之發病既衰痾未愈加復旦夕西旋顧惟此道從今永絶不言檀越機撥無緒獨創方外非意此音猥來入耳且欣且慰實無以況建明斯義使法燈有種始是眞實行道第一功德雖復國城妻子施佛及僧其爲福利無以相過既幸已詮述想便宜廣宣使賞音者見也論明法理當仁不

讓豈得顧惜衆心以夭奇趣耶若此論已成
遂復中覆恐檀越方來或以此爲法障往意
理然非戲論矣想便寫一本爲惠貧道賫以
還西使覬覦弘通也比小可牽曳故入山取
叙深企付之

與舉法師書　梁劉峻一名孝標

聞諸行李高談微德遨聽風聲心飛魂竦無
異蘄仙之望石髓太陰之思龍燭蒼星昏昊
涼雲送秋道勝則肥固應頤攝衣裳虹蜺帷
幕霄露餌黃菊之落蘂酌清澗之毖流旦候
歸鴈晨鳬暮聽鸝雎獨鶴神彯彯介蓋象蕭
史之騎鳴鳳列子之御長風雖荆卿旁若無

人孝然堅臥冰雪沉沉隱隱何以尚之哉至於馳騖經囿翱翔書圃極龍宮之妙典彈石室之鴻記道生伏其天真蔓蒨謝其辨物若乃習是童子措志雕蟲藻思內流英華外發葳蕤秋竹照曜春松爵頌息明珠之譽長門濫黃金之賞盛矣美矣煥其麗乎昔旅浙河嘗觀組績不覺紙爇筆焚魂愧斯盡自茲厥後兩絶珪璧意睠睠於菁華腸迴迴於九逝夫日御停照不踰隙穴海若濆涌莫限隈嵎以玉抵鵲幸傳餘寶冀閱清徽用瘳眩疾然越民非鬻冠之所齊國豈奏韶之地望與其進無貽責焉

與皎法師書 并荅　梁王曼頴

弟子孤子曼頴頓首和南一日蒙示所撰高僧傳并使其掎摭力尋始竟但見偉才紙弊墨渝迄未能罷若乃至法既被名德已興年幾五百時經六代自摩騰法蘭發軫西域安侯支讖荷錫東都雖跡標出没行實深淺咸作舟梁大爲利益固宜緇素傳美鉛槧定辭昭示後昆揄揚往秀而道安羅什閒表秦書佛澄道進雜聞趙冊晉史見檢復恨尙當時宋典所好頗因其會兼且抗出君台之記糅在元亮之說感應或所高推幽明不無梗槩汎顯傍文未足光闡閒有諸傳又非隱括景

興偶採居山之人僧寶偏綴遊方之士法濟
唯張高逸之例法安止命志節之科康泓專
紀單開王季但稱高座僧瑜卓尒獨載玄暢
超然孤録唯釋法進所造王巾有著意存該
綜可擅一家然進名博而未廣巾體立而不
就梁來作者亦有病諸僧祐成簡既同法濟
之責王季深毫復獲景興之誚其唱公纂集
最實近之求其鄙意梗槩頗見法師此製始
所謂不刊之鴻筆綿亘古今包括內外屬辭
比事不文不質謂繁難省去約豈加以高爲
名既使弗逮者恥開例成廣足使有善者勸
向之二三諸子前後撰述豈得潔長量短同

年共日而語之哉信文徒竟無一言可豫卜市肆空設千金之賞方入造龍函上登麟閣出内瓊笈卷舒玉笥弟子雖實不敏少嘗好學頃日延餘觸途多昧且獲披來袠斯文在斯鑽仰弗暇討論何所成非子通見元則之論良愧處道知休弃之書徒深謝安慕竺曠風流般皓憚支遁才俊耳不見旬日窮情已勞扶力此白以代訴盡弟子孤子王曼穎頓首和南

皎法師荅

君白一日以所撰高僧傳相簡意存箴艾而來告累紙更加拂拭顧惟道藉人弘理由教顯而弘道釋教莫尚高僧故漸染已來昭明

遺法殊功異績列代而興敦厲後生理宜綜綴貧道少乏懷書抱篋自課之勤長慕鉛槧隆青揚善之美故於聽覽餘間厝心傳録每見一介可稱輒有懷再省但歷尋衆記繁約不同或編列參差或行事出没已詳別序兼具來告所以不量寸管輒樹十科商攉條流意言略舉而筆路蒼茫辭語陋拙本以自備疎遺豈宜濫入高聽檀越旣學兼孔釋解貫玄儒抽文綴藻内外淹劭披覽餘暇脫助詳閱故忘鄙俚用簡龍門然事高辭野久懷多愧來告吹噓更增慙懼今以所著讚論十科重以相簡如有紕謬請備斟酌釋君白

弔震法師亡書　梁劉之遴

弟子劉之遴頓首和南泡電倏忽三相不停苦空無我五陰寧住尊師僧正捨壽閻浮遷神妙樂雖乘此宿殖必登善地人情恒化銜疚悲摧念在三之重追慕哀慟纏綿永往理不可任柰何柰何僧正精理特拔經論洽通蔬菲終身有爲略盡枯槁當年儀形二衆豈直息心標領亦爲人倫之傑弟子少長遊遇數紀迄茲平生敬仰善友斯寄哀疾待盡不獲臨泣鯁慟之懷二三增楚扶力修啓迷猥不次弟子劉之遴頓首和南

與震兄李敬朏書　同上作

生滅無常賢弟震法師奄同力士生處道識長往法言永絶惋怛抽擢不能已已年事未高德業方播疾恙甫介謂無過憂遂至遷化道俗驚愕念孔懷之切天倫至慟永往之情不可居處奈何奈何法師義味該洽領袖黒衣識度愷悌籍甚當世昔在京師聖上眄接自還鄉國歷政禮重且講説利益旣實弘多經始寺廟實廣福業襟抱豁然與物無迕所與遊欵皆是時賢白黒歸美近遠欽敬豈止息心殄悴實亦人倫喪寶追懷歎愴何可弭歇并辱遺書及别物對增哽欷殿下自爲作銘又敎鮑記室爲誌序恐鮑相悉未能究盡

已得面爲鮑說諸事行及微猷計必勒不朽事如今日誌石爲薦并呼師修之鐫刻亦當不久可就言增泫然投筆悽遽劉之遴頓首頓首

弔僧正京法師亡書　同上作

八月二十日之遴和南法界空虛山木隤壞尊師大正遷神淨土凡夫淺累嬰滯哀樂承此凶訃五內抽摧哀慟深至不能自已念追慕永往纏綿斷絕情在難居柰何柰何大正德冠一時道蔭四部訓導學徒紹隆像法年居僧首行爲人師公私瞻敬遐迩宗仰若乃五時九部流通解說疋之前輩聯類往賢雖

什肇融恒林安生遠豈能相尚頓悟雖出自生公弘宣後代微言不絕實賴夫子重以愛語利益窮四攝之弘致檀忍智慧備六度之該明白黒歸依含識知庇舟航愚冥棟梁寺塔日用不知至德潛運何道長而世短功被而身没映乎大海永墜須弥照彼高山長收朗日往矣柰何當復柰何法師幼而北面生小服膺迄乎耆邁恒在左右在三之重一旦傾殞哀慟之至當何可處弟子紈綺遊棲五十餘年未隆知顧相期法侶至乎菩提不敢生慢未來難知現在長隔眷言生平永同萬古尋思惋愴倍不自勝未由嗟執伸泄哀歎

謹裁白書投筆哽猥弟子劉之遴頓首和南

東陽金華山栖志　劉孝標

夫鳥居山上層巢木末魚潛淵下窟穴泥沙豈好異哉蓋性其然也故有忽白璧而樂垂綸負玉鼎而要卿相行藏紛糺顯晦蹐駮無異火炎水流圓動方息斯則廟堂之與江海蓬戶之與金閨並然其所然悅其所悅烏足毛羽瘡痏在其間哉予生自原野善畏難狎心駭雲臺朱屋望絕高蓋青組且霑濡霧露弥願閑逸每思濯清瀨息椒丘寤寐永懷其來尚矣蚓專噬壤民欲天從爰洎二毛得居巖穴所居東陽郡金華山東陽實會稽西部

是生竹箭山川秀麗皐澤坱鬱若其群峯疊起則接漢連霞喬林布濩則春青冬緑迴溪映流則十仞洞底膚寸雲合必千里雨散信卓犖爽塏神居奧宅是以帝鴻遊斯鑄鼎雨師寄此乘煙故僴勒赤松之名山貽緡雲之号近代江治中奮迅泥滓上徵士高拔風塵龍盤鳳栖咸萃茲地良由碧湍素石可致幽人者哉金華山古馬鞍山也蘊靈藏聖列名仙諜左元放稱此山云可免洪水五岳可合神丹九轉金華之首有紫巖山山色紅紫因此爲稱靡迤坡陁下屬深渚巑岏巉嶙上虧日月登自山麓漸高漸峻龍壟路迫隘魚貫而

昇路側有絶澗閘閙哮豁俯窺木杪焦原石
色匪獨危懸至山將半便有廣澤大川阜陸
隐賑予之葺宇實在斯焉所居三面迴山周
繞有象郛郭前則平野蕭條目極通望東西
帶二澗四時飛流泉清瀾微霆滴瀝生響白
波跳沫洶涌成音澧瀆騰引流交渠綺錯懸溜
瀉於軒甍激湍迴於階砌供帳無綆汲灌盥
漱息瓶盆楓櫨椅櫪之樹梓栢桂樟之木分
形異色千族萬種結朱實包緑裹杬白蔕抽
紫莖橚矗苯䔿梢清風鳴籟垂條櫚户布葉房
櫳中谷澗濱花藥攢列至於青春緩謝萍生
泉動則有都梁含馥懷香送芬長樂負霜宜

男弦露芙蕖紅華照水皐蘇縹葉從風遷軒
永眺蠲憂忘疾丘阿陵曲衆藥灌叢地髓抗
莖山筋抽節金鹽重於素璧玉豉貴於明珠
可以養性消痾還年駐色不藉崔文黃散勿
用負扇紫丸翱翔羣鳳風胎雨轂緑翼紅毛
素纓翠鬛肅肅毛羽關關好音皆馴狎園池稀

食鷄鶩若適鳩日伺辰響類鍾鼓鳴蚿候曙
聲像琴瑟玄猨薄霧清囀飛猺乘烟詠吟嘈
囋嘹亮悦心娛耳諒所以跨躡管籥韜軼笙
簧宅東起招提寺背巖面壑層軒引景邃宇
臨崖博敞閑虛納祥生白左瞻右睇仁智所
居故碩德名僧振錫雲萃調心七覺詆訶五

塵郁列戒香浴滋定水至於熏爐夜爇法鼓
旦聞予則跕屣摳衣躬行頂禮詢道哲人欽和
至教每聞此河紛梗彼岸永寂熙熙然若登
春臺而出宇宙唯善是樂豈伊徒言寺東南
有道觀亭亭崖側下望雲雨蔥樓菌樹隱映
林篁飛觀烈軒玲瓏烟霧日止却粒之泯歲
集神仙之客餌星髓吸流霞將乃雲衣霓裳
乗龍馭鶴觀下有石井對跱中澗雕琢刻削
頗類人工躍流瀑瀉縴編泱咽電擊雷吼駭
目驚魂寺觀之前皆植脩竹檀欒蕭颾被陵緣
阜竹外則有良田區畛通接山泉膏液鬱潤
肥腴鄭白決漳莫之能擬致紅粟流溢鳧鴈

充厭春鷩旨檀碧雞冬蕈味珍霜鷄縠巾取
於丘嶺短褐出自中園莞蔣逼側於池湖菅蒯
駢填於原隰養給之資生生所用無不阜實蕃
籬充伊崖巘歲始年季農隙時閑濁醪初齊
醥倩新熟則田家野老提壺共至班荊林下
陳罇置酌酒酣耳熱屢舞諠呶晟論箱庾高
談穀稼嗢噱謳歌舉杯相揖人生樂耳此歡
豈訾若夫蠶而衣耕而食日出而作日入而
息晚食當肉無事爲貴不求於世不忤於物
莫辨榮辱匪知毀譽浩蕩天地之間心無怵
惕之警豈與嵇生齒劒楊子墜閣較其優劣
者哉

與徐僕射領軍述役僧書　陳釋眞觀

泉亭光顯寺釋眞觀致書領軍檀越竊聞四依開士匡正法於將頹十地高人秉玄文於已絶能使崛山遺跡無虧宴坐之風祇樹餘苗得肆經行之道伏見今者皇華奉宣嚴憲緇是僧尼之類不書名籍之者並令捐茲法戒就此黎民去彼伽藍歸其里閈旣普天之下莫匪王臣正當僶俛恭承鞠躬祇奉但愚情所謂竊或疑焉自佛法肇興千有餘載流傳此地數百年間濟濟僧徒一何爲盛雖復市朝亟改風化頻移慧炬常明戒香恒馥其爲福利難可勝言所現靈祥聞諸史傳至如

浮啚和上曜彩鄴中高座法師流芳鞏洛或
復昆明池内識劫燒之餘灰長沙寺裏感碎
身之遺蔭道開入境仙人之星乃出法成去
丗紺馬之瑞爰浮乃有青目赤髭黃眸白足
運眉表稱大耳傳芳莫不定水淵澄義峯山
竪汪汪道望類迦葉之高蹤肅肅威儀似頞
鞞之清行頃年訛替乃日澆漓而正法洪基
猶應奉殄忽復違其本志奪彼前心莫不仰
高殿而酸傷辭舊房而悽楚依依法座重反
何期戀戀禪門再還無日乃非岐路而有分袂
之悲雖異河梁遂結言離之痛若以不繼名
籍為其深罪延兹咎累亦可哀矜夫出俗之

人務應修道許其方外之禮不拘域中之節
或有不貫名籍無關薄領並皆遊方採聽隨
處利安望刹爲居臨中告飯或頭陀林下或
蘭若巖阿如此之流寧容繼屬若勝業不全
清禁多毀宜應休道此事誠然而持犯難知
聖凡相濫譬菴羅之果生熟難分雪山之藥
眞僞難辨忽使崑峯之上玉石同焚大澤之
中龍蛇等斃何期惜也吁可傷哉又其割愛
辭親披緇翦髮旣無僕使永絶妻孥或老病
之年單貧之士皆憑子弟還相養衛如其一
朝而散便𤄊死溝渠遂有赴峻壑而投身縊
長繩而殞命雖復汨羅之痛疋此猶輕荒谷

之悲方斯未重且復奇才絕學並寄後生聽講誦經咸資晚秀所以須陀得戒猶是幼童身子揚名差非耆老如斯之類若並翻緇恐此法門便無紹繼梵輪絕矣精舍空焉若八陣未休四郊多壘前房所寄後殿斯憑愚謂此人殆誠無用若必有拔拒投石之能索鐵伸鉤之力則並從軍幕久預長驅儻復尚服緇衣猶居寺宇則是習勇心薄樂道情深若非衛玠之清羸便同孟昶之浮怯既不便弓馬徒勞行陣雖復身披甲胄還想法衣手執干戈猶疑錫杖必當遙聞戰鼓色變心驚遠望軍麾魂飛氣懾將恐有阻都護之威無益

二師之勇若謂不輸王課靡助國儲所以普
使收其賦斂但浮遊之屬萍迸蓬飛散誕之
流且貧終窶鄉里既無田宅京師又闕主人
納屨則兩踵併穿斂襟則雙肘皆現覩董生
之百結尚覺輕華見顏子之一簞更疑豐飽
求朽壞以爲藥寧識紫丸服糞掃而爲衣豈
逢黃絹貨財之禮此則無從懷璧之愆信哉
應免若令其在道猶可分衛自資遂使還民
便是糇粮莫寄伏惟皇朝御曆齊聖欽明繼
踵軒犧比肩炎昊握鏡之風彌遠垂衣之化方
深兼復梁棟三寶敷弘十善昔漢明靈感止
夢金人晉武覆修纔招玉像用今方古彼有

慚焉或深經是護等仙預大王寶塔斯成類無憂國主明揚仄陋信巢父之淸虛徵聘漁畋許嚴君之高尚愚謂維預今者曉首僧尼若已離法衣無過道業或常居邸肆恒埶田園並依民例宜從策使如其禪誦知解蔬素淸虛或宣唱有功梵聲可録或繕修塔廟建造經書救濟在心聽習爲務乃至羸老之屬貧病之流幸於編戶無所堪用並許停寺仍上僧籍必望十城之寶或出荊山百步之中時逢芳草於是寺斷流俗之僧衆無餔酒之客六時翹請常以國界爲心三業精修必用君王爲本豈不幽明踊躍人鬼欣歡冥力護

持善緣扶助然後二儀交泰六氣調和征馬息鞍軍旗卷旆邊荒入附無待丹水之師玉帛來朝還想嵍山之集何期樂矣實可欣哉儻復壇場不虞軍資有闕薄須費討伏聽徵求仰惟領軍檀越外則探賾典墳内則鉤深經論才高帷幄寄重鹽梅必願降意蒭蕘留心正法微惠研詳薄垂觀覽如其一毫可採深希曲爲矜論無使蘭艾同鋤薰蕕俱翦庶得仙人苑裏更轉法輪長者園中還鋪講席則匡維之德比恒岱齊高擁護之功似滄溟而共廣橫此忏煩弥增悚惕

諫仁山深法師罷道書　陳徐陵

竊聞出家閑曠猶若虛空在俗籠樊比於牢獄非但經有明文亦自世間共見瞥聞法師覆彼舟航趣返緇衣之務此爲目下之英奇非久長之深計何以知然從苦入樂未知樂中之樂從樂入苦方知苦中之苦弟子素以法師雖無曩舊相知已來亦復不踈夫良藥必自無甘忠諫者決乎逆耳倚見其僻是以不忍不言且三十年中造莫大之業如何一且捨已成之功淑爲可惜敬度高懷未解深意將非帷帳之策欲集劉侯形類卧龍擬求葛氏黃石兵法寧可再逢三併茅蘆無由兩遇封爵五等唯見不逢中閤外門難朱易白

鳴笳鳳管非有或聞僊女歌姬空勞反翫覔之者等若牛毛得之者譬猶牛角以此之外何所窺窬法師今若退轉未必有一稱心交失現前十種大利何者佛法不簡細流入者則尊歸依則貴上不朝天子下不讓諸侯獨翫世間無爲自在其利一也

身無執作之勞口餐香積之飯心不妻妾之務身飾芻摩之衣朝無踐境之憂夕不千里之苦俯仰優遊寧不樂哉其利二也

躬無任重居必方域白壁朱門理然致敬夜琴畫瑟是自娛懷曉筆暮詩論情頓足其利三也

假使棘生王路橋化長溝巷吏門見何因仰喚寸絹不輸官庫升米不進公倉庫部倉司豈須求及其利四也

門前擾擾我且安眠巷裏云云余無驚色家休小大之調門停強弱之丁入出隨心往還自在其利五也

出家無當之僧猶勝在俗之士假使心存殺戮手無斷命之愆密裏通情決勝灼然矯俗如斯煩垢萬倍勝於白衣一入愛河永沉無出其利六也

聽鍾聲而致敬尋香馥以生心朝覲尊儀暮披寶軸剎那之善逐此而生水滴微劢漸盈

大器未知因緣果報善惡皎然就此而言其利難陳矣假使達相白衣猶有埃塵之務縱令遥寄彈指遠近低頭形去心留身移意往閑有者得如此貧苦者永無因近在目前不言可見其利七也

山間樹下故自難期枕石漱流實爲希有猶斯之類不可思議如此者難逢一心人俙遇法師未能不學交習聽勝之因一旦退心於理邈矣其利八也

開織成之帙見過去之因擒琉璃之卷驗當來之果識因識果不以爲愆知福知報何由作罪上無舟檝交見没溺之悲下失浮囊則

有况身之患其利九也

曠濟群品爲天人之師水陸空行皆所尊貴言必闍梨和上書輒致敬和南遠近嗟詠貴賤顒仰法師今必退轉立成可驗纔脱袈裟逢人輒稱汝我始解偏袒姓名便亦可呼平交者故自不論下劣者亦恐不讓薄言稱己榻席懸異從來小得自在便以君爲題封若不屈膝斂手自達無因俯仰承迎未閑合度如此專專何由可與其利十也

略言十事空失此機其間深道寧容具述仰度仁者心居魔境爲魔所迷意附邪途受邪易性假使眉如細柳何足關懷頰似紅桃詎

能長久同衾分枕猶有長信之悲坐卧忘時不免秋胡之怨洛川神女尚復不惑東阿世上斑姬何關君事夫心者面焉若論繾綣則共氣共心一遇纏綿則連宵厭起法師未通返照安悟賣花未得他心那知彼意嗚呼桂樹遂為豆火所焚可惜明珠乃受淤泥埋没

弟子今日横諮必為法師所哂世上白衣何呰何限且一人退道而不安危推此而言實成難解譬如瓦礫盈路人所不驚片子黄金萬夫息步正言法師入道之功已備染俗之法未加何異金博赤銅銀換鈆錫可悲可惜猶可優量能忍難忍方知其最願棄俗事務

息塵勞正念相應行志兩全薄加詳慮更可思惟悔之在前無勞後恨如弟子筭遠即十數年中决知惻惻近即三五歲内空唱如何萬恨万悲寧知遠及自誤自錯永棄一生乃知斷絃可續情去難留或若火裏生花可稱希有迷人知返去道不遥幸速推排急登正路法師非是無智遂爲愚者所迷類似阿難便爲魔之所嬈猶須承三寶之力制彼群凶豎般若之幢天魔自欵若此言旨當即便冀棄芻蕘若不會高懷幸停深恡耳

諫周太祖沙汰僧表　　釋曇積

僧曇積白　皇帝大檀越德握乾坤心懸日

月照燭無私之道卷舒不測之化能威[illegible]皂
白悲及僧尼控引玄綱示之出路欲使清升
練行顯迹於明時寡德沙門耻還於素俗爰
降明詔責其試藝須下諸州問其課業竊惟
入道多端諒非一揆依相驗人有五理不足
何者或有僧尼生年在寺節儉自居願行要
心不犯諸禁燒香旋塔頂禮懇懃合掌低頭
忘寢以食但受性愚鈍於讀誦無緣習學至
苦而不得一字今量所告意須文誦聽者爲
是重審試僧不退實行爲是正意偏望取其
明快且實而不聽行之本也聽而不實智之
相也若用爲有業是不求備於一人若實爲

非僧便責知於滿足大覺智慧不可思議諸所爲法天人頂受況在凡夫輒思改易群聖自言種種神變於斯大法不能加減大人出世識本知機巧妙多方化人以漸衆生根行各各不同令聖說經互差不一內外相通亦無乖異又如孔子領徒三千達者七十有二昇堂入室莫過數人自餘已外豈容斥逐今州郡縣各有學生德及顔回詎幾人也可以不及顔回廢郡不立可以無德頑僧並令還俗不及顔回者猶勝於野人無德頑僧者猶勝於外道伏此二途不足一也

或有專歸樹下擎錫持盂望中而餐正今自

活名聞頓捨利養無心理觀除煩遂闕文誦
論其人入道則內業有餘究其文解則相功
不足何必聚衆京華悉是德僧孤拔林野咸
非行士故果有生熟不可以色相而唉人有
出没不可以形名而取敢自三思不足二也
或有營經造像厲力積年修補伽藍憂勤累
歲捨身濟物不以寒苦經心施樂與人不以
飢貧易志但無聰力日誦不過一言旦夕栖
栖日讀不盈數紙准其迴向則善不空施徵
其發趣則佛之眞子今無辜退俗是枉濫行
人直性頓非不足三也
佛說僧是福田理難損抑雖可年末形凡而

法服尊重豈容朝施暮奪自加薦毀愛惡無常豈責其得失於一人之上置不恒之惑於十二沖典恐不合聖心甚乖大趣上損慈悲下虧正化唯畏後世相傳受誣僧之謗不足四也

今大周大國僧尼未幾寺舍烈然有盈万數只應招延二部溢滿其間動梵鳴鍾爲國行道方便窮其長短曲覓愆非黜放還民使棟梁空曠若他方異國遠近聞知疑謂求兵於僧衆之間取地於塔廟之下深誠可怪但頑僧任役未足加兵寺地給民豈能富國深不頓除性由漸顯一切衆生具諸煩惱若頓遣

圓修是滅佛法匪直損身魔必得便何者一
向純善精加供養一向純惡退令還俗此言
所見深滅三寶若麁細等看魔難得便何者
純善退麤成衆麤衆之人猶生物善經文道
理莫問麤細之行唯不還俗終成佛子進退
三思不足五也

貧道餘年賤質寄命關右欽化承恩得存道
業是以呻吟策杖送此丹誠忓忤之愆伏增
戰越敬白

菩薩戒弟子戴逵貽書仙城命師座下并荅

竊以渭清涇濁共混潮宗之源松長箭短同
秉堅貞之質幸頼含靈五常理宜範圍三教

是以闕里儒童闡禮經於洙濟苦縣迦葉遷
妙道於流沙雖牢籠二儀蓋限茲一丗豈如
興正法於鹿苑蕩妄想於鷲山半滿既陳權
實斯顯誠教有淺深人無内外禪師德聲遠
震行高物表攝受四依因牧羊而成誦貝筴
千里歷龍宫而包括故能内貫九部揔雪山
之秘藏外該七略備壁水之典墳支遁天台
之銘竺眞羅浮之記曇雲賦七嶺汰詠三河寶
師妙析莊生璩公著論爰集若吞雲夢如指
諸掌加以妙持淨戒如護明珠善執律儀譬
臨懸鏡稟羅云之密行踵賓頭之福田撫拖
分水便登覺觀高蔭禪枝將逾喜捨是以不

遠瀟湘來儀沔陸植杖龍泉仍爲精舍迴車
馬谷即創伽藍鑿嶺安龕詎假聚沙成塔因
山構苑無勞布金買地開士雲會袂似華陰
法侶朋衡衆齊稷下禪室晨興時芳杜若支
提暮啓暫入桃源香山梵響將阮嘯而相發
日殿妙音與孫琴而齊韻紫蓋貞松仍麾上
辯洪崖神井即瑩高心故以才堪買山德邁
同輩崇峯景行牆仞懸絶弟子業風皷慮欲
海沉形洎諸宮淪覆將歷二紀晝倦坐馳夜
悲愕夢未能忘懷彼我歸軫一乘遣蕩胷襟
朗開三達既念鼠藤彌傷鳥繫昔在志學家
傳賜書五禮優柔三玄饜飫頗絶韋編構述

餘緒爰登弱冠捃摭百家及乎從仕留連文翰雖未能探龍門而拂會稽賦鵩鸛而詠鸚鵡若求其一介亦髣髴古人但深悟聚泡情悲交臂常欲蟬蜕俗解貪味眞如一日郎城訊修隗舘屈膝情欣係轍遇同進履未盡開襟遽嗟飄忽尋望拂衣世網脫屣牽絲滄浪濯纓漢陰抱甕行餐九轉用遣幽憂漸悟三空將登苦忍仙梁觀玉不廢從師深澗折桃無妨請益所希彌天勝氣乍酬鑿齒鴈門高論時荅嘉賓冬暖如春願珍清軌室邇人遐彌軫襟帶餘辭殘簡望回金玉

幽林沙門釋慧命酬比齊戴先生書

夫一眞常湛徽妙於是同玄萬聖乘機違順
以之殊迹是以西闡明道東野談仁雕朴攺
工有無異軫今若括此二門原兹兩教豈不
歸宗三轉會入五乘藉淺之深資權顯實斯
若池分四水始則殊名海控八河終無别味
檀越幼挺奇才夙懷茂緒華辭卓世雅致叅
玄智涉五明学兼三教盡矣能忘蹈顏生之
逸軌損之為道慕李氏之玄蹤雖復六經該
廣百家繁富聖賢異派儒墨分流或事贍而
文殷或言高而義遠莫不納如雨受説似河
傾明鏡匪疲洪鍾任扣子建挹以奇文長卿
恧其高趣被雖秦楚分墟周梁改俗白眉青

蓋龜玉之價弗踰栖鳳卧龍魚水之交莫異
加以識鑒苦空志排塵俗所雖廊廟器乃江
湖是以屬歎牽絲興言世網辭同應陸調合
張嚴嗟朱火之遽傳悲清波之速逝方應濯
足從道洗耳辭榮九轉充虛四禪排疾然後
尋八正以味一真解十纏而遣三患斯之德
也寧不至哉貪道識鏡難清心塵易蘊定慙
華水戒非草繁才伴撤燭學謝傳燈內有愧
於德充外無狎於人世是以淹滯一丘寓形
蓬柳端居千仞託志筠松測四序於風霜候
三旬於朓朒至迺夜聞山鳥仍代九成晝視
遊魚聊追二子華戶弊衿在原非病朱門結

駟於我如雲所歎藤鼠易侵樹猨難靜勞想
鷲頭倦思雞足至於林凋秋葉曾無獨覺之
明谷響春鶯終切寡聞之歎忽承來問曲見
光譽幽氣若蘭清音如玉誠復溢目致歡而
實撫膺多愧雖識謝天池未辨北溟之說而
事同泥并慙聞東海之談所冀伊人於焉加
我黃石匪遑結期旦夕白駒可縶用永終朝
善敎清猷時因素扎言不浣意報此何伸或時

以達即晉朝譙國戴逵令考據行事非
也晉書云太元十二年徵隱士戴逵不
久尋卒至梁大通三年一百四十三載
命公方生計不相見又非比濟北明矣

弔延法師亡書　階薛道衡

八月二十三日薛道衡和南俗界無常延法

師遷化慟深悲怛不能已已唯哀慕摧割當
不可任法師弱齡捨俗高蹈塵表志度恢弘
理識精悟靈臺神宇可仰而不可窺智海法
源可游而不可測同夫明鏡屢照不疲譬彼
洪鍾有來斯應往逢道喪玄維落細柄志幽
巖礭手不拔高位厚礼不能迴其慮嚴威峻
法未足懼其心經行宴坐夷險莫二戒德律
儀始終如一聖皇啓運像法重興卓尒緇林
欝為稱首屈宸極之重伸師資之義三寶由
其弘護二諦藉以宣揚信足以追蹤澄什超
邁安遠而法柱忽傾仁舟遽沒匪直悲纏四
部固亦擬感一人師杖錫挈瓶夙承訓道昇

堂入室具體而微在三之情理百恒勸往矣
柰何无常柰何疾礙不獲展慰但深悲結謹
白書慘愴不次弟子薛道衡和南

廣弘明集卷第二十四　聚

鴶音辖　顒愚恭反　峻私閏反　曼穎上音万下余頃反　之遴下良

奴反　朏芳尾反　戴逵下巨追反　訛替上愚和反訛謬也替廢也　逋藪
上必蒲反下音叟　清亮下力向反朗也　緇素上側思反僧衣也今之僧曰緇
俗曰素　賾助高反同前　摛丑知反飾也　裨音卑增也　刊定上苦寒反
刻也　釐力之反福也　廞衷下音中　紫闥下他達反宮外门也　尠息淺
反少也　徐沛下博帶反地名　譙宋上自搖反郡名　兗濮上以
淺反下補木反二州名　上秩下遲一反禄也　華裔下羊世反中華邊裔也

殲子廉反滅也悲哽下加猛反晷刻上音軌日影也筌罤詮啼二音同前捷
徑上才業反疾也下古定反路也腆恣上他典反設食也又厚也耳腴下音俞肥ㄧ也蘇蔌
下音連ㄧㄧ萊之別名延頸下居領反引項而望㨛之ㄧㄧ蹙頞上子六反攢ㄧ也下於割反鼻ㄧ也
昺然上音丙ㄧ明也九液下音亦冊ㄧ𨽻反息勇剠巨京反强力也攀髯下而廉反
ㄧ㨛攀龍鬚也瀍洛上直連反ㄧㄧ水名也鎸徂玄反除也繇耒上音由首鼠ㄧㄧ伸縮一前一却
捕影上音步欒大上郎端反燔軀上音煩燒也下立俱反身ㄧ也波崙下力昆反傃音素向也

鎬京上胡道反ㄧㄧ長安也沛音貝郡名汾音焚地名賜珮下蒲妹反
玉ㄧㄧ襚物上音遂襚贈喪之物也問訊下音信嗤尺之反笑也樊
籠上音頻勖許玉反期頤下余之反百年謂之ㄧㄧ禮記曰ㄧㄧ也懼然
上呼郭反驚也麈尾上音主拂也哀痾下烏何反病也猥烏每反企
丘智反望也逖聽上他的反遠也下去聲蘄仙上音其昃下音
側日斜也肥房非反頤攝上余之反養也虹蜺上音紅下魚芳反蛟

流上音秘丨遠也鳧音扶水鴨也羈雌上居宜反鵠胡篤反[illegible]
疋妙反疾也馳鶩下音務囿音右苑丨彈音丹盡也蔓蒨上音万下
千見反葳蕤上音威下而誰反丨丨草木之華美也組績
上音祖下玄對反爇而雪反燒也珪璧圭壁二音玉也菁華
上音精隟穴上丘逆反孔丨瀆涌上音焚下音勇丨丨水溢也隈嵎
上烏回反下音愚丨丨曲崖也瘳音抽愈也眩疾下音縣目生花也抵鵲
上音只鬻冠上羊菊反掎摭上居宜反下音隻丨丨採拾也偉才上羽
鬼反奇也墨渝下音俞變也迄許訖反至也支讖下楚禁反鈆槧
上音緣粉也下七焰反筆之別名也揄揚上羊朱反揄引也揚舉也糅尼幼反雜
丨也梗槩上加猛反下古愛反丨丨大略也綴知衛反連丨也泓烏萌反
單開上音善瑜羊朱反誚才笑反丨責也纂集上子管反綿亘
下古鄧反簉初瘦反充也進也麟閣上音隣瓊笈下其業反瓊玉

也篋書簏也玉笥下相寺反篋丨竹器也圓曰篋方曰笥尫烏光反劣也
休弈下音亦憚徒旦反難也支遁下徒困反訴盡上音素告也
鍼艾上音針下吾蓋反筴楚責反古作簡冊字用商攉下音角商
度也攉略也淹劭上邑鹽反清也下市照反美也鄙俚下音里⿰忄典慍
上他典反下音愧謂慙而變色曰丨丨也紕繆上疋悲反下苗幼反之遴下良
刃反銜疢下音敕蔬菲下芳尾反丨丨菜也枯槁下音考之桀

下渠列反雄也智也臨泄下音薛鯁慟上加猛反宜作哽丨咽哀
慟也喭下魚箭反俗丨惋怛上烏貫反嘆丨也下丁達反驚也
疾恙下余向反驚愕下吾各反愷悌上苦改反下音弟丨丨和樂也眄
接上音麵顴也衿抱上音今迕音悟逆也遊欵下苦管反殄
悴上徒典反滅也下才遂反弭歇上米尒反息也哽欷上加猛反下許既反
丨丨悲泣之餘聲誌序上音志丨記也鐫刻上子全反泫然上玄犬反

泣淚悽戀上音妻下音閔謂悽愴煩戀也隤壞上徒回反凶訃下音赴告

喪也庇丨甲二反丨廕也眣手上徒結反傾捐下音緣棄也純綺上惠

官反紛糺下俱有反同前踳𨂰上尺尹反下力玉反丨丨相背皃瘯痏

下秀軌反丨赤瘯也駭胡賣反驚丨青組下音祖丨綬也霑濡下而朱反

温也濯清瀨上音濁下音賴丨丨急流也椒丘上子消反蚓音引蚯蚓

噬壤上音逝齧丨也下汝兩反土丨也會稽上俱會反下音鷄也

皐澤上音高也坱鬱上烏朗反丨丨氣昧也卓犖下呂角反

爽塏下口改反閑也明也縉雲上音進泥滓下側史反碧

湍下上寒反丨賴也仙諜下音牒譜也靡迤下典尒反連接也玻

陁上普何反階音褁丘丨巑岏上才官反下愚官反丨丨山尖皃山麓

下音鹿林丨壟上呂勇反岐丨迫隘下於賣反丨丨迮塞也閜閘

上呼雅反下乙甲反丨丨大開閉門也哮豁上呼交反下呼活反俯

窺｜下傾強反｜伏視也　木杪下美小反末也　隱賑下之忍反盛也　葺
宇上七入反｜｜修居也　郛郭上芳無反城外近郭曰郛　霔音注　跳沫
上音條　流涌上許勇反下音勇｜｜水勢騰沸也　漕濆上才到反穿鑿也下
音墳濆也　滿懸溜下力救反水｜下　軒甍下音萌飛簷也　激湍上音
擊下土官反疾湍也　綆汲上加猛反水罐索也下音急取水也　枫櫨風盧二音
木谷　椅櫪上於宜反下音曆　梓栢子百二音　桂樟下音章　杭吾郎
反　蔕音帝花蔕之｜　橚矗上音蕭樹長皃下昌鹿反直上皃　苯蓴上音
本下茲損反｜｜草叢生也　捎風上音消搖動也　鳴籟下音賴笛也摺凡吹
竅木如籟之響　櫩上簷戶字同　攢自官反｜聚也　萍生上音瓶浮｜草　馥
音伏香氣　贙露上玄犬反正作法露光也　縹葉上疋小反青白色也　朓他弔
反望也　鐲俱玄反除｜也　王鼓下特義反　痾音阿病也　翱翔上吾高反
下音祥　雨鷇下苦候反鳥子也哺自食曰鷇　毋　翠鬣下良輙反毛｜

鶡羽上音鳥名·保馬狎上音旬善也下何甲反也近也鷄鶩下音木鴨

也鴻日上正作鵷鴻音運鴝鳥別名雄日鵷雌日陰諧鳴蚿下音·賢馬|虫

大者長鳴其聲如蟬也曙時庶反曉也琴瑟下音虱玄猨下音園玄

黑也獲猴之類囀知戀反猪音吾之層也猿嘈囋上音曹下才割反||聲

大負飄亮上音留下力向反正作膕亮跨踑上苦化反下尼輒反管籥

下音畜也藥韜軼二吻音透笙篁下音黃𧮫呼冬反川|邃宇

上私遂反深|博敲下昌兩反顯|右睇下音弟視也詆訶上音底毀

訾曰||也|郁烈上於六反|香氣也|熱而雪反燒|也踮屣上音

怙下所繘反||屐踐也摳衣上苦侯反蕙樓上音惠香草也蘭樹上俱

殞反一名蕈屋室曰樹𥈮音蒯民也霓裳上魚兮反||仙衣也馭鶴

上音御駕|竦跱上音勇反下直里反立也雕琢彫阜二音下正作琢瀁

瀉上丘冬反水|水入大水四|也渀涌上正作瀆音楚|水溢也泱咽上河

朗反下於結丨丨水滴音也 檀欒反下郎官木名 簫颾下音乱二寧正作飀
飀 區畛下之忍反田間小路也 肥腴下音俞亦肥也 丨梟鴈上音
扶鴨也 冬葚下錦反正作一名蕈菌洵 霜鷄上音作鷄下丨活反丨丨並鳥
名 轂巾上音谷一木名也以考冠名楮皮可 莞蒻丸指二音水草也味
甜可食亦名蒟蒻 菅蒯上古顏反下苦怪反丨丨茅草 駢塡上步田反 原
隰下音習高平曰原下隰日隰 蕃籬上音煩丨丨竹章也 崖巘下語偃反
丨臺丨山曰隟閒也丘逆反 醪音勞酒也 漻 醥醑上匹眇反酒清下相
擴未丨反 提壺下音胡酒器 爵音雀酒器也 礼 酒酣下戶甘反半醉皃
譲啜上丨音丨喧反下閙也 蓍 文 嗢噱上烏丨丨沒反大笑也下兵腳
謳歌上烏侯反 相抗下古平反也 愛訾上即斯反計也 蠶字蚕 忤音悟
觸也 浩盪下音蕩 怵惕上丑律反丨丨鷲憂皃下他的 儌音亦作景
鶩 蟄生上音 較音教也 紙是上音書 捐棄上音緣也

里閈下音汗里中門也僶俛上弥忍反下音免亟改上紀力反數也
又丘記反鄴中上音業丨地名鞏維上居勇反縣名下音落今用洛黄眸
下莫浮反目也頞鞞上於葛反下步迷反迦葉之号訑替上愚和反同前譊
漓反古堯反丨丨薄也分袂下弥祭反衣袖也斃毗祭反死也披緇
下側思反妻孥下音奴子也溘死上苦塔反奄也浚疑上雖閏反深也
下呼各反川也縊乙智反自經曰丨也汨羅覓羅二音屈原溺死之水也羌
非上苦良反發詞之端也或作差誤壘倫水反軍壁也後殿下都甸反軍在
前曰啓後曰殿在衛玠下音芥終羸下也垂反衵丑凡反怯苦劫
反甲冑下直右反麾許爲反旌丨也慑之葉反讋也國儲下音除積
也預備也萍迸下必孟反散也終窶下其主反貧目也納屨下音句履
也兩踵下之勇反脚跟也肘知柳反臂丨董生上下孔反一簞
下音丹食竹器貽愆去乾反罪也分衛此云乞食糇糧上音侯窮

陋側上音徵騁下逞併反朝問也漁佃下音田郎肆上音麻……

舍也餔酒上必蒲反丨毁也卷旆上上聲下貝反旌丨藺冊水有碣

作毋𣬍山上音鷄壇場畺亦二音界分也採頤上土含反下助陽反

同前帷幄下於角反蒭蕘上昌朱反下音饒丨丨草薪也鋤助跡反丨剗

薰蕕上兄云反下音由香草也蕕臭草也薰恒岱上户登反下音代岱山名

籠樊下音煩瞥閃上普滅反暫見皃舟航下户剛反曩舊上乃

黨反昔也僻足亦反偏丨也淑音熟善也美也茅蘆上莫交反下力居反丨丨

草舍也笳音伽卷蘆葉而吹也窺窬上傾弥反下音俞正作闚闚私視也蔔

[illegible]上昌朱反布衣也矯俗上居小反異也小渧下滴字埃塵上於

嚴反枕石上之禁反潄流上音瘦盥丨也攄丑知反丨舒也舟艤下音

[illegible]顒仰上愚恭反偏袒下音但榻席上音塔床丨也頰古葉反顋

丨也衾音欽被也繾綣上音遣下去遠反丨丨不相離也哂尸忍反笑也何

訾下反計也斯𥗐礫下音歷錫丨上音先擊反緣下惻惻側
反丨愉也推排上土回反所嬈下乃鳥反弄也自欵下苦管反誠信也
乾巛下古文坤字苦昆反控引上苦貢反試簿下音部丨籍也一揆
下其癸反理也愚鈍下徒困反斥逐上音尺棄也啖音淡食也栖栖
音西辜下音姑罪也誣音無謗也黜丑律反退也逵具追反渭
涇下音經丨丨二水名洙濟上音殊下子礼反二水名出兖州牧上音目放
！負笈下其業反書箧也璩公上音渠沔陸上音緬水名龕
苦含反祆下弥桑反洎其器反也愕夢上吾各反驚也厭飫下於
去反飽丨捃摭上居運反下音隻丨丨拾也鷦鷯二音焦寮鳥名巧婦子一
咏音詠蟬蛻下音稅脱殻也郞城上音云隗館上五每反下音貫
係纖上音計下七廉反正作韱脫屣下所綺反鞋丨也滄浪下音郎
濯纓上音濁下一盈反洗丨也刖丨抱甕下於貢反傲妙上古

也
泒𧺆賣㲋河曰丨分恧尼朩反分墟下丘虛反壅塞也擁反丨
跳魄上他弔反蕈户上音必荆丨也縶知立反繫也㥪弘上苦回反
礭手上口角反堅也挈瓶上苦結反提丨勱莫敗反曄于輒反凝
漯陵上魚陵反旻音閔琰以撿反勑賚下郎代反賜也水犀下音西牛
也
淵粹上烏懸反深丨也下私遂反純丨也

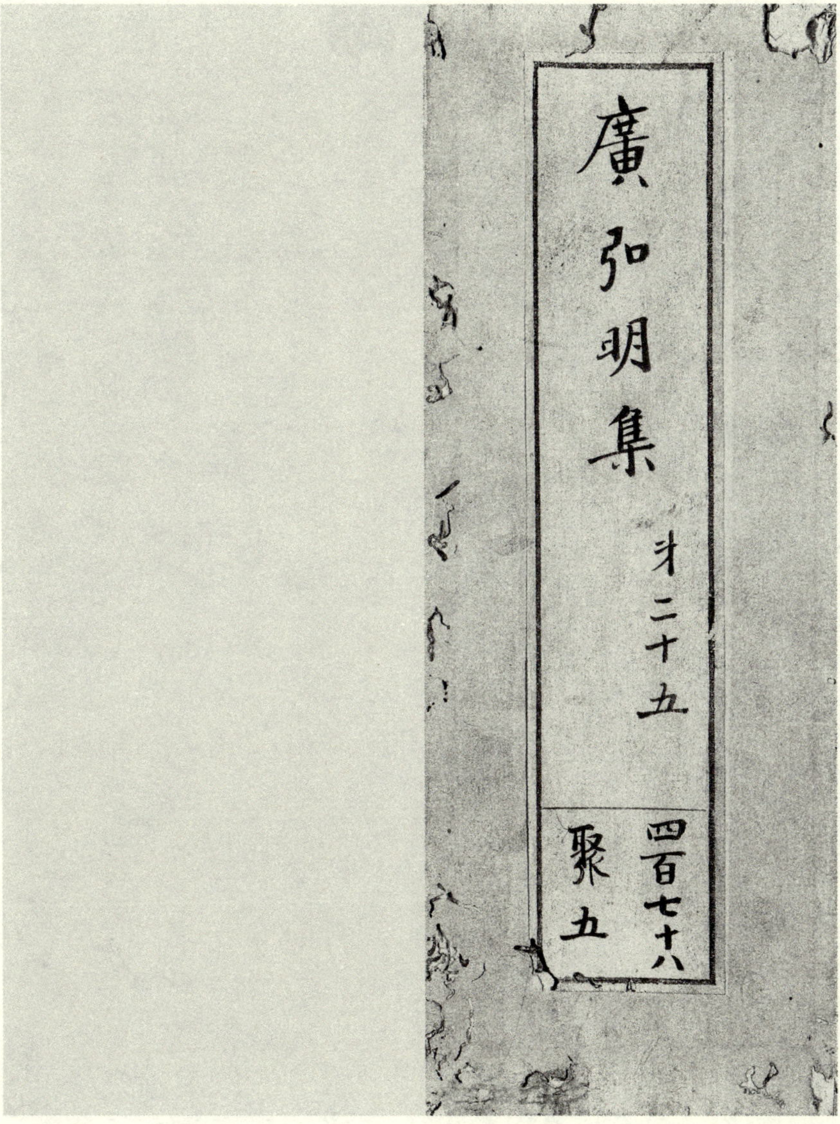
廣弘明集 才二十五

四百七十八 聚五

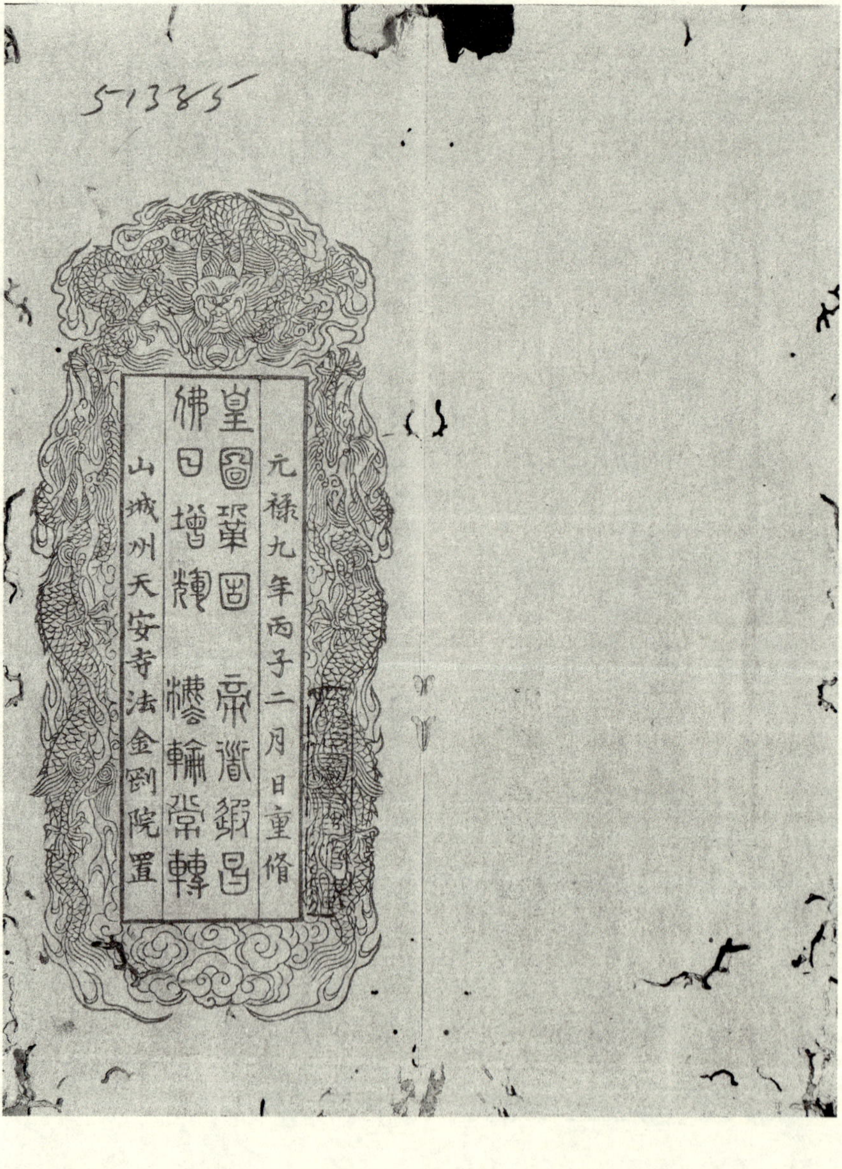

元祿九年丙子二月日重脩

皇圖鞏固　帝道遐昌

佛日增輝　法輪常轉

山城州天安寺法金剛院置

廣弘明集卷第二十五　聚

大唐西明寺釋　道宣撰

僧行篇第五之三

福田論

隋東都洛濱上林園翻經館學士沙門釋彥琮

隋煬帝大業三年新下律令格式令云諸僧道士等有所啓請者並先須致敬然後陳理雖有此令僧竟不行時沙門釋彥琮不忍其

事乃著福田論以抗之意在諷刺言之者無罪聞之者以自誡也帝後朝見諸沙門並無致敬者大業五年至西京郊南大張文物兩宗朝見僧等依舊不拜下勑曰條令久行僧等何爲不致敬時明贍法師對曰陛下弘護三寶當順佛言經中不令拜俗所以不敢違教又勑曰若不拜俗宋武時何以致敬對曰宋武虐君偏政不敬交有誅戮陛下異此無得下拜勑曰但拜僧等峙然如是數四令拜僧曰陛下必令僧拜當脫法服著俗衣此拜不晚帝夷然無何而止明日設大齋法祀都不述之後語群公曰朕謂僧中無人昨南郊對

荅亦有人矣尒後至終畢無拜者其黄巾士
女初聞令拜合一李衆連拜不已帝亦不齒
問之
論曰昔在東晉太尉桓玄議令沙門敬於王
者盧山遠法師高名碩德傷智幢之欲折悼
戒寶之將沉乃作沙門不敬王者論設斆之
儀當時遂寢然以緝詞隱密援例沓深後學
披覽難見文意聊因暇日輒復申叙更號福
田論云
忽有嘉客來自遠方遥附桓氏重述前議主
人正念久之抗聲應曰客似未聞福田之要
吾今相爲論之夫云福田者何耶三寶之謂

也功成妙智道登圓覺者佛也玄理幽寂正敎精誠者法也禁戒守眞威義出俗者僧也皆是四生道首六趣舟航高拔天人重踰金石譬乎珍寶劣相擬議佛以法主標宗法以佛師居本僧爲弟子崇斯佛法可謂尊卑同位本末共門語事三種論體一致覩五十之載弘八萬之典所説指歸唯此至極寢聲滅影盡雙林之運刻檀書葉留一化之軌聖賢間起門學相承和合爲群住持是寄金人照於漢殿像法通於洛浦並宗先覺俱襲舊章啚方外而發心棄世間而立德官榮無以動其志親屬莫能累其情衣則截於壞色髮則

落於毀容不戴冠而作儀豈束帶而爲飾上天之帝猶恒設禮下土之王固常致敬有經有律斯法未殊若古若今其道無滯推帝王之重亞神祇之大八荒欽德四海歸仁僧尼朝拜非所聞也如懷異旨請陳雅見客曰周易云天地之大德曰生聖人之大寶曰位老子云域中有四大王居一焉竊以莫非王土建之以國莫非王臣繫之以主則天法地覆載兆民方春比夏生長萬物照之以日月之光潤之以雲雨之氣六合則咸宗如海百姓則共仰如辰戎夷華面馬牛迴首蛇尚荷於隋侯魚猶感於漢帝豈有免其編戶假其法

門忘度脫之寬仁遺供養之弘造高大自許卑恭頓廢譬諸禽獸將何別乎必能駕御神通得成聖果道被天下理在言外然今空事剃除尚增三毒虛改服飾猶染六塵戒忍弗修定智無取有乖明誨不異凡俗詎應恃宜讀之勞而抗禮萬乘藉形容之別而闕敬一人昔比丘接足於居士菩薩稽首於慢衆斯文復彰厥趣安在如以權道難沿佛性可尊況是君臨罔非神降伯陽開萬齡之範仲尼敷百王之則至於謁拜必遵朝典獨有沙門敢爲陵慢此而可忍孰可容乎弊風難革惡流易久不遇明皇誰能刊正忽起非常之變

易招無信之譏至言有憑幸垂詳覽主曰吾所立者内也子所難者外也内則通於法理外則局於人事相望懸絶詎可同年斯謂学而未該聞而不洽子之所惑吾當爲辨試舉其要揔有七條無德不報一也無善不攝二也方便無礙三也寂滅無榮四也儀不可越五也服不可亂六也因不可忘七也初之四條對酬難意後之三條引出成式

吾聞天不言而四時行焉王不言而萬國治焉帝有何力民無能名成而不居爲而不恃斯乃先王之盡善大人之至德同霑庶類齊預率賓幸殊草木差非蟲鳥戴圓履方俯仰

懷惠食粟歓水飽滿銜澤既能矜許出家慈聽入道斷麁業於已往祈妙果於將來既蒙重惠還思厚荅方憑萬善之益豈在一身之敬追以善荅攝報乃深徵以身敬收利蓋淺良由僧失正儀俗滅餘慶僧不拜俗佛已明言若知可信理當遵立知謂難依事應除廢何容崇之欲求其福卑之復責其禮即令從禮便同其俗猶云請福未見其潤此則存而似棄僧而類民非白非黑無所名也竊見郊禋揔祭唯存仰福爲尊僧尚鄙斯不恭如何令僧拜俗天地可反斯儀罕乖後更爲叙是謂無德不報者也法既漸衰人亦稍末罕有其

聖誠如所言雖處凡流仍持忍鎧縱虧戒學尚談智典如塔之貴似佛之尊歸之則善生毀之則罪積猛以始發割愛難而能捨弘願終期成覺過而能趣斯故剃髮之辰天魔遥慴染衣之日帝釋遥懽妓女聊被無漏遂滿醉人暫剪有緣即結龍子賴而息驚象王見而止怖威靈斯在儀服是因多未受具對揚佛旨小不可輕光揚僧力波離旣度釋子服心尼陁亦歸匿王屈意乃至若老若少可師者法無賤無豪所存者道然後賢愚之際默語之間生熟相似去取非易肉眼分別恐不逢寶信心平等或其值眞纔滿四人即成一

衆僧既弘納佛亦通在食看沸水之異方遣施僧衣見織金之奇乃令奉衆僧之威德不亦大矣足可以号良福田之最爲聖教之宗是謂第二無善不攝者也若論淨名之功早昇雲地卧疾之意本超世境乆行神足感嘆辯才新學頂禮誠謝法施事是權宜式非常准謂時蹔變其例乃多則有空藏弗恭如來無責沙弥大願和尚推先一往直觀悉可驚怪再詳典釋莫匪通塗不輕大士獨興高跡警彼上慢之流設兹下心之拜偏行一道直用至誠既非三恵詎是恒式因機作法足爲希有假弘教化難著律儀大聖發二智之明

制五篇之約廢其爵齒存其戒夏始終通訓利鈍齊仰者幼有序先後無雜未以一出別業而令七衆普行不然之理分明可見昔妻死歌而皷盆身葬羸而襯土此亦匹夫之節豈槩明王之制乎況覺典沖邃聖言幽密局執一邊殊乖四辯是謂第三方便無礙者也

且復周之柱史久掌王役魯之司寇已居國宰宗歸道德始曰無名訓在詩書終云不作祖述堯舜憲章文武鞠躬恭敬非此而誰巢許之風望古仍邈夷齊之操擬今尚逈焉似高攀十力遠度四流厭斯有為之苦欣彼無餘之滅不繫慮於公庭未流情於王事自然

解脱固異儒者之儔矣是謂第四寂滅無榮者也至如祭祀鬼神望秩川岳國容盛典書契美談神輩爲王所敬僧猶莫致於禮僧衆爲神所禮王寧反受其敬上下參差翻違正法衣裳顛倒何足相方令神擁護今來在僧祈請之至會開呪力竟無拜理是謂第五儀不可越者也本皇王之奮起必眞人之託生上德雖秘於淨心外像仍標於俗相是以道彰緇服則情勤宜猛業隱玄門則形恭應絶求之故實備有前聞國主頻婆父王淨飯昔之斯等咸已克聖專修信順每事歸依縱見凡僧還想崇佛不以跪親爲孝計非不孝之罪不

以拜居爲敬豈是不敬之德所法自殊所法
巳別體無混雜制從於此是謂第六服不可
亂者也　謹案多羅妙典釋迦眞說乃云居
刹利而稱尊藉般若而爲護四信不壞十善
無虧奉佛事僧積功累德然後日精月像之
降赤光白氣之感金輪旣轉珠寶復懸應天
順民御圖握鏡始開五常之術終弘八正之
道亦宜覆觀宿命追憶往因敬佛敎而崇僧
寶益戒香而增慧力自可天基轉高比梵宮
之遠大聖壽恒固同劫石之長久然則雷霆
勢極龍虎威隆慶必賴兼共使怒及出言布
令風行草偃旣抑僧體誰敢鱗張但恐有損

冥功無資盛業竭誠盡命如斯而已是謂第七因不可忘者也上已略引吾意粗除子惑欲得博聞宜尋大部

客曰主人向之所引理例頗繁僕雖庸闇頗亦承覽文摠幽明辨包内外所論祭典尚有迷惑周易云一陰一陽之謂道陰陽不測之謂神竊以昧隱神路隔絶人境欲行祠法要藉禮官本置太常專司太祝縱知鬼事終入目伍眞佛已潛聖僧又滅仰信冥道全涉幽神季葉凡夫薄言迴向共規閑逸相學剃翦職掌檀會所以加其法衣主守塔坊所以蠲其俗役纔觸王網即墜民貫既同典祀詎合

稱寶朝敬天子固是恒儀苦執強梁定非通
識宋氏舊制其風不遠唯應相襲更欲何辭
主人曰客知其一未曉其二請聽嘉言少除
異想吾聞鬼者歸也死之所入神者靈也形
之所宗鬼劣於人唯止惡道神勝於色普該
情趣心有靈智稱之曰神隱而難知謂之不
測詮其體用或動或靜品其性欲有陰有陽
周易之旨蓋此之故殊塗顯於一氣誠言闕
於六識設教之漸斷可知焉鬼報冥通潛來
密去標以神号特用兹耳嘗試言之受父母
之遺稟乾坤之分可以存乎氣可以立乎形
至若己之神道必是我之心業未曾感之於

乹坤得之於父母識含胎藏弥亘虛空意帶熏種漫盈世界去而復生如火焰之連出來而更逝若水波之續轉根之莫見其始究之豈覩其終濁之則爲凡澄之則爲聖神道細幽理固難詳矣神之最高謂之大覺思議所不得名相孰能窮眞身本無遷謝生盲自不瞻睹託想追於舊蹤傾心歆於遺法若欲荷傳持之任啓要妙之門賴此僧徒膺茲佛付假慈雲爲内影憑帝威爲外力玄風遠及至於是乎教通三世衆別四部二從於道二守於俗從道則服像尊儀守俗則務典供事像尊謂比丘比丘尼也典供謂優婆塞優婆夷

也所像者尊則未祭神位所典者供則下預
臣領原典供之人同主祭之役吾非當職子
何錯引由子切言發吾深趣理既明矣勿復
惑諸在宋之初暫行此抑彼亦乖眞不煩涉
論邊鄙風俗未見其美忽遣同之可怪之極
客曰有旨哉斯論也蒙告善道請從退歸

問出家損益詔 并序

唐高祖太武皇帝

皇唐啓運諸教並興然於佛法彌隆信重捨
京舊第置興聖寺自餘會昌勝業慈悲證果
集仙等寺架築相尋至於道觀無聞於俗武
德四年有太史令傅弈者先是黃巾深忌緇
服既見國家別敬弥用疚心乃上廢佛法事

十有一條云佛經誕妄言妖事隱損國破家未聞益世請胡佛邪教退還天竺凡是沙門放歸桑梓則家國昌大李孔之教行焉

武皇容其小辯朝輔任其放言乃下詔問僧曰棄父母之鬚髮去君臣之服章利在何間之中益在何情之外損益二宜請動妙釋有濟法寺沙門襄陽釋法琳憤激傳詞側聽機候承有斯問即陳對曰琳聞至道絕言豈九流能辨法身無象非十翼所詮但四趣茫茫飄淪欲海三界蠢蠢顛墜邪山至人所以降靈大聖爲之興世遂開解脫之門示以安隱之路於是天竺王種辭恩愛而出家東夏貴

遊猒榮華而入道誓出二種生死志求一妙涅槃弘善以報四恩立德以資三有此其利益也毀形以成其志故棄鬚髮毀容變俗以會其道故去君臣華服雖形闕奉親而內懷其孝禮乖事主而心戢其恩澤被怨親以成大順福霑幽顯豈拘小違上智之人依佛語故爲益下凡之類虧聖教故爲損懲惡則濫者自新進善則通人感化此其大略也

出沙汰佛道詔

唐祖太武皇帝

門下釋迦闡教澄淨爲先遠離塵垢斷除貪欲所以弘宣勝業修殖善根開導愚迷津梁品庶是以敷演經教檢約學徒調伏身心捨

諸染著衣服飲食咸資四輩自正覺遷謝像法流行末代陵遲漸以虧濫乃有猥賤之侶規自尊高浮墮之人苟避徭役妄爲剃落託号出家嗜欲無厭營求不息出入閭里周旋闤闠驅策畜產聚積貨財耕織爲生估販成業事同編戶迹等齊人進違戒律之文退無禮典之訓至乃親行劫掠躬自穿窬造作妖訛交通豪猾每罹憲綱自陷重刑黷亂眞如傾毀妙法譬兹稂莠有穢嘉苗類彼淤泥混夫清水又伽藍之地本曰淨居栖心之所理尚幽寂近代已來多立寺舍不求閑曠之境唯趣喧雜之方繕築崎嶇甍宇舛錯招來隱

匿誘納姦邪或有接近鄽邸鄰迩屠酤埃塵滿室羶腥盈道徒長輕慢之心有虧崇敬之義且夫老氏垂化本貴沖虛養志無爲遺情物外全眞守一是謂玄門驅馳世務尤乖宗旨朕膺期馭宇興隆教法深思利益情在護持欲使玉石區分薰蕕有辨長存妙道永固福田正本澄源宜從沙汰諸僧尼道士女冠等有精勤練行遵戒律者並令就大寺觀居住官給衣食勿令乏短其不能精進戒行有闕者不堪供養並令罷道各還桑梓所司明爲條式務依法教違制之事悉宜停斷

令道士在僧前詔 并表　唐太宗

貞觀十一年　駕巡洛邑黃巾先有與僧論
者聞之於上上乃下詔云老君垂範義在清
虛釋迦貽則理存因果求其教也汲引之迹
殊途求其宗也弘益之風齊致然大道之興
肇於遂古源出無名之始事高有形之外邁
兩儀而運行包萬物而亭育故能經邦致治
反樸還淳至如佛教之興基於西域逮於後
漢方被中土神變之理多方報應之緣匪一
洎於近世崇信滋深人冀當年之福家懼來
生之禍由是滯俗者聞玄宗而大笑好異者
望眞諦而爭歸始波涌於閭里終風靡於朝
庭遂使殊俗之典鬱爲衆妙之先諸華之教

翻居一乘之後流遯忘返于兹累代今鼎祚克昌旣憑上德之慶天下大定亦賴無爲之功宜有解張闡兹玄化自今已後齋供行立至於稱謂道士女冠可在僧尼之前庶敦反本之俗暢於九有貽諸萬葉時京邑僧徒各陳極諫有司不納沙門智實後生俊穎内外兼明擕諸夙老隨駕陳表乃至關口其表略云僧某等言某年迫桑榆始逢太平之世貌同蒲柳方值聖明之君竊聞父有諍子君有諍臣某等雖預出家仍在臣子之例有犯無隱敢不陳之伏見 詔書國家本系出自柱下尊祖之風形于前典頒告天下無德而稱

令道士等在僧之上奉以周旋豈敢拒詔尋
老君垂範治國治家所佩服章亦無改異不
立觀寺不領門人處柱下以全眞隱龍德而
養性智者見之謂之智愚者見之謂之愚非
魯司寇莫之能識今之道士不遵其法所著
冠服並是黃巾之餘本非老君之裔行三張
之穢術棄五千之妙門反同張禹漫行章句
從漢魏已來常以鬼道化於浮俗妄託老君
之後實是左道之苗若位在僧之上誠恐眞
僞同流有損國化如不陳奏何以表臣子之
情謹錄道經及漢魏諸史佛先道後之事如
別所陳伏願 天慈曲垂聽覽

制沙門等致拜君親勑　今上皇帝
勑旨君親之義在三之訓爲重愛敬之道凡
百之行攸先然釋老二門雖理絶常境恭孝
之躅事叶儒津遂於尊極之地不行跪拜之
禮因循自久迄乎茲辰宋朝暫革此風少選
還遵舊貫朕稟天經以揚孝資地義而宣禮
辯以名教被茲眞俗而瀨鄉之基克成天構
連河之化付以國王裁制之由諒歸斯矣今
欲令道士女冠僧尼於君皇后及皇太子其
父母所致拜或恐爽其恒情宜付有司詳議
奏聞
龍朔二年四月十五日光禄大夫右相太子

賓客上柱國高陽郡開國公臣許敬宗宣
大莊嚴寺僧威秀等上沙門不合拜俗表首一
僧威秀等言伏奉明詔令僧拜跪君父義
當依行理無抗旨但以儒釋明教咸陳正諫
之文列化惇張俱進芻蕘之道僧等荷國重
恩開以方外之禮安居率土得弘出俗之心
所以自古帝王齊遵其度敬其變俗之儀全
其抗禮之迹遂使經教斯廣代代漸多宗匠
攸遠時時間發自漢及隋行人重阻靈鷲之
風猶鬱仙苑之化尚踈未若皇運肇興隄封
海外五竺與五嶽同鎮神州將大夏齊文皇
華之命載隆輶軒之塗接軫莫不欽斯聖迹

興樹遺蹤固得梵侶來儀相從不絶今若返
拜君父乖異群經便證鷩俗之譽或陳輕毁
之望昔晉成幼沖庾冰矯詔桓楚飾詐王謐
抗言及宋武晚年將隆虐政制僧拜主尋還
停息良由事非經國之典理越天常之儀雖
曰流言終纏顯議况乃夏勃勅拜納上天之
怒魏燾行誅肆下厲之責斯途夂列備舉見
聞僧等奉佩慞惶投庇失厝恐絲綸一發萬
國通行必使寰海望風方弘失禮之譽悠哉
後代或接効尤之傳伏惟陛下中興三寶慈
攝四生親承付囑之旨用勵學徒之寄僧等
内遵正教固絶跪拜之容外奉明詔令從儒

禮之敬俯仰惟咎慙懼實深如不陳請有乖臣
子之喻或掩佛化便謟調君之罪謹列衆經
不拜俗文輕用上簡伏願天慈賜垂照覽則
朝議斯穆終遵途於晉臣委略常談畢歸度
於齊后塵黷威嚴惟深戰戢謹言
　龍朔二年四月二十一日上

時京邑僧等二百餘人往蓬萊宫伸表上請
左右相云勑令詳議拜不拜未定可待後集僧
等乃退於是大集西明相與謀議共陳啓狀
聞諸僚寀云

西明寺僧道宣等上雍州牧沛王論沙門不
應拜俗啓一首　僧道宣等啓自金河徙轍

玉關揚化歷經英聖載隆良輔莫不拜首請
道歸向知津故得列剎相望仁祠棊布天人仰
福田之路幽明懷正道之儀清信之士林蒸
高尚之賓雲結是使教分三法垂萬載之羽
儀位開四部布五乘之清軌頃以法海宏曠
類聚難分過犯滋彰有塵御覽下非常之詔
令拜君親垂惻隱之懷顯竦朝議僧等荷斯
明命感悼涕零良由行鈌光時遂令上霑憂
被且自法教東漸亟涉窊隆三被屛除五遭
拜伏俱非休明之代並是暴虐之君故使布
令非經國之謨乖常致良史之誚事理難返
還襲舊津伏惟大王統維京甸攝御機衡道

俗來穌繁務攸靜今法門擁閉聲教莫傳據此靜障拔難之秋拯溺扶危之日僧等叫閽難及徒鶴望於九重天階罕登終栖遑於百慮所以干冒陳欵披露冀得俯被鴻私載垂提洽是則遵崇付囑清風被於九垓正像更興景福光於四海不任窮塞之甚具以啓聞塵擾之深唯知慙惕謹啓　四月二十五日

西明寺僧道宣等上榮國夫人楊氏（夫人帝后之母也敬崇正化大建福門造像書經架築相續入出宮禁榮問荐加僧等諸門致書云尒）

請論沙門不合拜俗啓一首

僧道宣等啓自三寶東漸六百餘年四俗立歸戒之因五衆開福田之務百王承至道之

化萬載扇唯聖之風故得寰海知歸生靈迴向然以慧日既隱千載有餘正行難登嚴科易犯遂有稊稗涉青田之穢少壯懷白首之徵備列前經聞于視聽且聖人在隱凡僧程器後代任持非斯誰顯故金石泥素表眞像之容法衣剃髮擬全僧之相依而信毀報果兩分背此繕修俱非正道又僧之眞僞生熟難知行德淺深愚智齊惑故經陳通供如海之無窮律制別科若山涯之有際宗途既列名教是依設出俗之威儀登趣眞之圓德故使天龍致敬幽顯歸心弘護在懷流功不絶比以時經濁澆人涉凋訛竊服飾詐之徒叨倖

憑虛之侶行無動於塵俗道有翳於憲章上
聞御覽布君親之拜乃迴天睠垂朝議之勅
僧等内省慙懼如灼如焚相顧失守莫知投
厝仰惟佛教通囑四部幽明敢懷竊議夫人
當斯遺寄況復體兹正善崇建爲心垂範宫
闈威明道俗今三寶淪溺成濟在緣輒用諮
陳希垂救濟如蒙拯拔依舊住持則付囑是
歸弘護斯在輕以聞簡追深悚息謹啓

四月二十七日

西明寺僧道宣等叙佛教隆替事簡諸宰輔等狀

列子云周穆王時西極有化人來反山川移
城邑千變萬化不可窮極穆王敬之若聖此

則佛化之初及也　朱仕行釋道安經録云秦始皇時西域沙門十八人來化始皇始皇弗從禁之夜有金剛丈六人破獄出之始皇稽首謝焉　漢書云武帝元狩中關西域獲金人率長丈餘列之甘泉宮帝以爲大神燒香禮拜後遣張騫往大夏尋之云有身毒國即天竺也彼謂浮圖即佛陀也此初知佛名相云

成帝都水使者劉向去向檢藏書往往見有佛經此即周秦已行始皇焚之不盡哀帝元壽中使景憲往大月氏國因誦浮啚經還于時漢境稍行齋戒據此曾聞佛法中途潛隱

重此中興·
後漢明帝永平中上夢金人飛行殿前乃使
秦景等往西域尋佛法遂獲三寶東傳洛陽
畫釋迦立像是佛寶也翻四十二章經是法
寶也迦竺來儀是僧寶也立寺於洛城西門
度人開化自近之遠展轉住持終於漢祚魏
氏一代五主四十五年隆敬漸深不聞拜毀
吴氏江表四主五十九年孫權創開佛法感
瑞立寺名爲建初其後孫皓虐政將事除屏
諸臣諫之乃止召僧而受五戒蜀中二主四
十三年于時軍國謀猷佛教無聞信毀晉司
馬氏東西立政一十二主一百五十六年中

朝四帝崇信之極不聞異議唯東晉成帝咸康六年丞相王導太尉庾亮薨後庾冰輔政帝在幼沖爲帝出詔令僧致拜時尚書令何充尚書謝廣等建議不合拜往反三議當時遂寢爾後六十二年安帝元初中太尉桓玄以震主之威下書令拜尚書令桓謙中書王謐等抗諫曰今沙門雖意深於敬不以形屈爲禮迹充率土而趣超方内是以外國之君莫不降禮（如育王等禮比丘之事也）良以道在則貴不以人爲輕重（如魏文之軾干木漢光之遇子陵等）尋大法東流爲日諒久雖風移政易而弘之不異豈不以獨絶之化有日用於陶漸清約之風無時害於隆平者

乎玄又致書廬山遠法師序老子均王侯於
三大遠答以方外之儀不隸諸華之禮乃著
沙門不敬王者論五篇其事由息及安帝返
政還崇信奉終於恭帝有宋劉氏八君五紀
雖孝武大明六年暫制拜君尋依先政
齊梁陳氏三代一百一十餘年隆敬盡一信
重逾深中原魏氏十有餘君一百五十五年
佛法大行備見魏收良史唯太武真君七年
聽讒滅法經於五載感癘而崩還興佛法終
於靜帝自晉失御中原江表稱帝國分十六
（謂五涼四燕三秦二趙夏蜀也）斯諸僞政信法不虧唯赫連
勃勃據有夏州兇暴無厭以殺爲樂佩像背

上令僧禮之後爲震死尋爲北代所吞妻子
刑刻具如蕭子顯齊書
高齊在鄴六帝二十八年信重逾前國無兩
事宇文周氏五帝二十五年初武帝信重佛
法後納張賓之議便受道法將除佛教有安
法師著二教論以抗之論云九流之教教止
其身名爲外教三乘之教教靜其心或名爲内
教老非教主易謙所攝帝聞之存廢理乖遂
雙除屏不盈五載身殁政移
隋氏承運二帝三十七年文帝崇信載興佛
法海内置塔百有餘州皆發休瑞具如圖傳
煬帝嗣錄改革前朝雖令致敬僧竟不屈自

大化東漸六百餘年三被誅除五令致拜既
乖經國之典又非休明之政剗剬之虐被於
亂朝抑挫之儀揚於絶代故使事理乖常尋
依舊轍良以三寶爲歸戒之宗五衆居福田
之位雖信毁交貿殃咎推移斯自人有窊隆
據道曾無興廢所以千餘大聖出賢劫之大
期壽六萬年任釋門之正法況乃十六尊者行
化於三洲九億應供護持於四部據斯以述
曆數未終焉得情斷同符儒典且易之蠱爻
不事王侯禮之儒行不臣天子在俗四位尚
有不屈之人況棄俗從道而便責同臣子之
禮又昊天上帝嶽瀆靈祇君人之主莫不祭

饗而下拜今僧受佛戒形具佛儀天龍八部奉其道而仰其容莫不拜伏於僧者故得冥祐顯徵祥瑞雜沓聞之前傳豈復同符老氏均王侯於三大者哉故沙門之宅生也財色弗顧榮禄弗縻觀時俗若浮雲達形命如陽燄是故號爲出家人也故出家不存在家之禮出俗無露處俗之儀其道顯然百代不易之令典者也其流極廣故略述之

今列佛經論明沙門不敬俗者

梵網經下卷云出家人法不禮拜國王父母六親亦不敬事鬼神

涅槃經第六卷云出家人不禮敬在家人四

分律云佛令諸比丘長幼相次禮拜不應禮
拜一切白衣佛本行經第五十三卷云輸頭
檀王與諸眷屬百官次第禮佛已佛言王今
可禮優波離等諸比丘王聞佛教即從座起
頂禮五百比丘新出家者次第而禮薩遮尼
乹經云若謗聲聞辟支佛法及大乘法毀呰
留難者犯根本罪今僧依大小乘經不拜君親是奉佛教今乃令違佛
教拜跪俗人即不信佛語犯根本罪又謗無善惡業報不畏後
代自作教人堅住不捨是名根本重罪大王
若犯此罪不自悔者燒滅善根受無間苦以
王行此不善重業故梵行羅漢諸仙聖人出
國而去諸天悲泣諸善鬼神不護其國大臣

輔相諍競相害四方賊起天王不下龍王隱
伏水旱不調死亡無數時人不知是過而怨
諸天訴諸鬼神是故行法行王爲救此苦不
行此過廣如經說更有諸論文多不載
僧道宣等白朝宰群公伏見詔書令僧致敬
君父事理深遠非淺情能測夫以出處之迹
列聖齊規眞俗之科百王同軌于木在魏高
枕而謁文侯子陵居漢長揖而尋光武彼稱
小道尚懷高蹈之門豈此沙門不垂闊放之
美但以三寶嚮位用敷歸敬之儀五衆陳誠
載啓福田之道今削同儒禮則佛非出俗之
人下拜君父則僧非可敬之色是則三寶通

廢歸戒絶於人倫儒道是師孔經尊於釋典
在昔晉宋備有前規八座詳議足爲龜鏡僧
等荷國重寄開放出家奉法行道仰承聖則
忽令致拜有累深經俯仰棲遑罔知投庇謹
列内經及以故事具舉如前用簡朝議請垂
詳採敬白

至五月十五日大集文武官僚九品已上并
州縣官等千有餘人揔坐中臺都堂將議其
事時京邑西明寺沙門道宣大莊嚴寺沙門
威秀大慈恩寺沙門靈會弘福寺沙門會隱
等三百餘人并將經文及以前狀陳其故事
以伸厥理時司禮太常伯隴西郡王博乂謂

諸沙門曰勑令俗官詳議師等可退時群議紛紜不能畫一　西王曰佛法傳通帝代既遠下勑令拜君　又許朝議今衆人立理未可通遵司禮既曰職司可先建議同者署名不同則止時司禮大夫孔志約執筆述狀如後令主事大讀訖遂依位署人將太半左肅機崔餘慶曰勑令司別立議未可輒承司禮請散可各隨別狀送臺時所送議文抑揚駮雜今謹依所司上下區以別之先列不拜之文次陳兼拜之狀後述致拜之議善惡咸錄件之如左焉

中臺司禮太常伯隴西王博乂大夫孔志約等議一首

竊以凡百在位雖存敬上之道當其爲師尚
有不臣之義况彿之垂法事超俗表剃髮同
於毁傷擁錫異乎簪紱出家非色養之境離
塵豈榮名之地功深濟度道極崇高何必破
彼玄門牽斯儒轍披釋服而爲孔拜處俗塗
而當法禮存其教而毁其道求其福而屈其
身再三研覈謂乖道理又道之爲教雖全髮
膚出家超俗其歸一揆加以遠標天構大啓
皇基義藉尊嚴式符高尚並仍舊貫無黜彝
章如必改作恐非稽古雖君親崇敬用軫神
衷道法難虧還留睿想既奉詢芻之詔敢罄
塵嶽之誠懼不愜允追深戰惕謹議

司元議一首

霄形二氣嚴父稱莫大之尊資用五材元后標則天之貴至於擎跪曲拳之禮陶化之侶同遵服勤就養之方懷生之倫共紀凡在君父理絕名言而老釋二門出塵遺俗虛無一旨離有會空端見毗耶闡慈悲之偈氣浮函谷開道德之篇處木鴈之間養生在慮罷色聲之相寂滅爲心執禮蹈儀者靡窮其要妙懷忠履孝者未酌其波瀾理存太極之先事出生靈之表故尊其道則異其服重其教則變其禮爰自近古迄乎末葉雖公華暫乖而斯道無墜洎哀纏雙樹慟結三號防後進之

虧風約儒宗以控法故當輔成舊敎豈應裁制新儀誠宜屈宸扆之嚴伸方外之旨委尊親之重縱環中之遊愚管斟量遵故爲允謹議

司戎議一首

臣聞三災變火六度逾凝二字爲經百成攸緬是以白毫著相闡一乘於萬劫紫氣浮影混萬殊於一致爰有儒律復軔殊軫秀天地陰陽之稟禮君臣父子之穆故知循名責實矩跡端形則敎先於闕里齊心力行修來悔往則化漸於連河釋爲內防雅有制於魏闕儒爲外檢不能括其靈臺別有玄宗素範振蕩風物翱鵬迅鶡促椿遼菌無爲無事何得

何失然則道佛二教俱爲三寶佛以佛法僧爲旨道以道經師爲義豈直攝生有託陶性通資信亦爲政是基禪聲濃化而比丘未諭先生多僻恃出俗而浮逸以矜傲而誇誕處疋夫之賤直形骸於萬乘忘子育之恩不降屈於三大固君父所宜華乃臣子所知非遂降綸壐是改其弊雖履孝居忠昌言改轍而稽古愛道參酌群情懷響者谷不銷聲撫塵者山無偶細必備與人之頌以貢芻蕘之説何則柱史西浮千有餘祀法流東漸六百許年雖曆變市朝而事無損益唯庾冰責沙門之拜桓玄議比丘之禮幸有何充進奏慧遠

陳書事竟不行道終不墜是知大易經綸三
聖蠱象不事王侯大禮充物兩儀儒行不臣
天子亦有嚴陵踞謁光武亞夫長揖漢文介
胄豈曰觸鱗故人不為纓網惟舊詎先師道
法侶何後戎昭上則九天眞皇十地菩薩下
則南山四皓淮南入公或順風而禮謁或御
氣而遊處一以貫之靡得而屈十室忠信亦
豈無其人或五刑之設闕三木者不拜豈五
德之具居三服者拜之罪之不責恭肅德之
誠足容養然則含識之類懷生之流莫不致
身以輸忠彼則不臣王者莫不竭力而遵孝
彼則不敬其親雖紛弛三章律輕三尺有[illegible]

於此三千其大而不被以嚴誅寘於巨責豈不道釋與堯孔殊制傷毀與礼敎正乖蓮華非結綬之色貝葉異削珪之旨人以束帶爲彝章道則冠而不帶人以束髮爲華飾釋則落而不容去國不爲不忠辭家不爲不孝出塵滓割愛於君親奪嗜欲棄情於妻子理乃區分於物類不可涯檢於常塗生莫重於父母子則不謝施莫厚於天地物則不荅君親之恩事絕名象豈稽首拜首可酬萬分之一者歟出家之於君父豈曰全無輸報一念必以人王爲頭首四諦則於父母爲弘益方祛塵劫永離死生豈與夫屈膝爲盡忠色養

為純孝而已矣必包之俗境處之儒肆居出
容降其礼則不孝莫過於絕嗣何不制以婚
姻不忠莫大於不臣何不令稱臣妾以襃
為朝服稱貧道而趍拜儀範兩失名稱兼并
深恐一跪之益不加萬乘之尊一拜之勞式
虧三服之隆則所不可而豈然乎王者無父
事三老無兄事五更君人之尊亦有所敬法
服之敬不敬其人恭屈其敬則早其道敬而
可卑道則云欽無豈若存敬於已存道於物
敬存則已適道在則物尊尊道所以敬於物
敬物亦所以爲於已也況復形猶身也道若
影焉身既如聲道亦如響形動則影隨聲

則響應道崇則形寵身替則道息豈可使居身之
道屈於道外之身豈可使方外之人存於身中之
敬又彼守一居道不雜塵俗若可拜之是謂俗之
道而可俗俗又參道則一當有二而道不專行矣
安可以區道俗之常域保專一之至誠哉據
僧祇律敬袈裟如敬佛塔謂袈裟爲福田衣
衣名銷瘦取能銷瘦煩惱鎧名忍辱取能降
伏魔軍亦喩蓮華不染泥滓亦爲諸佛之所
幢相則袈裟之爲義其至矣夫若損茲佛塔
壞彼幢相將輕忍辱更貶福田甚用危疑終
迷去取解服而拜則越俗非章甫之儀整服
而趨則緇衣異朝宗之典故禪幽舍衛之境

步屏高門之地理絕朝請事乖榮謁豈不謂
我崇其道所以彼請其來請而卑之復何爲
者廬山爲道德所居不在搜簡之例甘棠爲
聽訟所息式致勿翦之思山與樹之無心且
以德而存物法與道之有裕豈崇道而遺人
語曰人能弘道則道亦須人而行也王人雖
微位在諸侯之上行道之輩焉復可卑其禮
若謂兩爲欺詭則可一而寢之寢之之道則
芟薙之之謂是則所奪者多何止降屈而已
若謂兩爲濃助則崇之崇之之道則尊貴之
之謂豈可尊貴其道而使其恭敬哉假以金
翠爲眞儀不以金翠而增肅以芻狗而尊像

不以僧拘而加輕肅敬終寄於道輕重不係
於物物物之不能遷道亦猶道之恒隨於物矣
沙門橫服於已資法服而爲貴莫不敬其法
服而豈係於人乎不拜之典義高經律法付
國王事資持護法爲常也常行不易一隅可
華千門或奕通有護法之資塞有墜法之慮

與其墜之昬若護之何必屈折於僧容盤辟
於法服使萬國歸依者居蔕芥於其間哉語
曰因人所利而利之則利之之術亦可因其
精詣而爲利矣洎乎日光上照皇運攸宗海
接天潢枝連寶構藉無上之道闡無疆之業
别氏也族敬猶崇往神基靈派遺豈攜今此

爲甚不可一也月氏東國寳[illegible][illegible]傑定水玄
波法雲彩潤高解脱之慶演常住之福前王後
帝昔尚感攸遵主聖臣良胡寧此變臣愚千
慮萬不一得儻緣斯創造無益將來於恒河
沙劫有毫氂之累雖率土碎首群生粉骨何
以塞有隱之責蠲不忠之罪此爲甚不可二
也臣所以汲汲其事區區其誠搔首捫心膫
肝瀝膽伏願聖朝重興至教恒春柰苑永轉
法輪心歡録其人百祚遠光於帝宇則雖死
猶生朝夕可矣竊惟詔旨徽婉義難適莫天
情畫一則可使由之眷想傍求則誰不竭慮
臣以膚昧何足寓言以兩教爲[illegible][illegible]則崇之於

聖運聖而崇之則非無矣以兩[illegible]無有則筆削明時時而削之恐非有矣斯所以歧路徘徊兩端交戰道宜存跡理未厭心管豈天窺蛙焉海測理絶庶幾之外事超智識之表自可懷鉛閣筆扣寂銷聲而欲鳥處程言竽中竊吹將聾聽而齊俗與瞽視而均叟雖有罄於心靈終不詣於闇見也直以八風迴扇萬籟咸貢其音兩曜昇暉千形不匿其影茲焉企景是庶轉規就日心葵輸消驛露而靦顔漿夏履薄冰春兢惕已甚赧畏交集謹議

司刑太常伯劉祥道議一首

竊以朝庭之叙肅敬爲先生育[illegible]恩[illegible]養爲

重釋老二教令悉反之抗禮於帝王受敬於父母而優容自昔迄乎今代源其深致蓋有以然諒由剃髮有異於冠冕袈裟無取於章服出家故無家人之敬捨俗豈拘朝廷之禮至於玄教清虛道風遐曠高尚其事不屈王侯帝王有所不臣蓋此之謂國家既存其道所以不屈其身望准前章無違舊貫謹議

議拜者明沙門應致拜也昔皇覺御宇尚開信毀之源豈唯像末不流弘約之議頃以法海宏曠類聚難分有穢玄猷頗聞朝聽致使拘文之士廢道從人較而言之未曰通方之巨唱也余所以考諸故實隨而彈焉庶崇佛

君子或能詳覽

議沙門兼拜狀合三首

左威衛長史崔安都錄事沈玄明等議狀一首

竊以紫氣騰眞玄牝之風西被白虹沉化涅槃之蘊東流鑾羽驤霞影王京而凝衆妙津慈照寂啓金園而融至道義冠空有理洞希夷祛濟塵蒙薰滌因累神道裨教玆焉有徵坦蹈業已遵從流弊義資懲革彈曰守法高尚稱爲流弊違經拜俗謂之懲革即事不可其如理何也原夫在三之敬六峻尊卑之象百行之本四始旌罔極之談本立然後道生敬形於焉禮穆寔王化之始乃天地之經佛以法爲師帝以天爲則域中有

四大王者居一焉王道既其齊衡天法固乃同貫身爲法器法唯道本黃冠慕道緇裳奉佛致敬君父眇契玄波彈曰佛法乃寰外之尊帝天爲域中之大教存而令屈折不羈還類編人此乃法水蹔而不流何玄波之眇契耶且夫戒錄纔高猶盡肅於膜拜況乎貴賤懸邈頓遺恭於屈膝彈曰王謚云沙門以上下相敬而抗禮宸居者良以宗致既同則長幼成序津途有隔則義無降屈誠哉是言可爲龜鏡矣必以山林獨往物我兼忘混親疎齊寵辱惠我不爲是損已詎稱非自當泯若無情湛然恒寂安假仰迦維而頓顙覲天尊而雅拜塵容不異俗致敬未乖眞彈曰沙門落緣披緇道俗懸隔拜違佛教具顯經文而言敬未乖眞容不異俗此乃指南爲北反白成玄且伯陽緒訓於和光不輕演

教於常禮妙叶謙尊之德遠符隣照之規伯陽
誕自姬周身充柱史爲官則王朝之一職言
道則儒宗之一流拜伏君親固其宜矣至若不
輕之禮四衆乃權道之一時其猶文命入
裸俗而解裳不可例率土以爲模楷矣
又
三極之中師居其末末猶展敬本何疑哉彈曰
釋衆所以師資相敬正以教義不殊故
耳非是約本末而言何孟浪之甚也若以袈
裟異乎龍黼縠巾殊於鷩弁服既戎矣拜何
必華各循其本無爽彝式其有素履貞遯清
規振俗神化肹蠁戒行精勤藻掞桐鸞梵清
霄鶴錦旌徵獸瓊符御靈德秀年耆齠其拜
禮自餘初學後進聲塵寂寥並令盡敬君父
請即編之恒憲彈曰若以不拜爲非則德秀
年耆詎宜齠免若以不拜爲
是則後進初學無宜令拜進退矛楯去
取自乖請即編之恒憲何所見之短乎如此

則進德修業出塵之軌彌隆苦節棲壇入道之心逾勵玄風斯遠國章唯緝庶可以詳示景則靜一訛弊彈曰以乖宗爲景則謂守法爲訛弊約斯以驗餘何可觀自我作故奚舊之拘夫鏡非常之理必藉非常之照天鑒玄覽體睿甄微探象外之遺宗極寰中之幽致雖則蹔駭常聽抑亦終寘大道謹議

右清道衛長史李洽等議狀一首

竊以道教沖虚釋門秘寂至於昭仁濟物崇義爲心乃瞻儒風理將無異彈曰儒教所明不踰寰域釋宗所辦高出見聞故魏東陽王丕曰佛法沖至洽非儒墨者所知今言不異何多謬耶若宿德耆齒戒律無虧棲林遯谷高尚其事

若斯儔輩可致尊崇其有弱齓蒙求薫修靡
譽背眞混俗心行多違以此不拜義難通允
彈曰夫稱沙門者何也謂紹法像賢發蒙啓化儀之搢紳之飾教殊廊廟之規求宗故所以直斅孰可分其德業矯俗故由茲抗禮寧容隔以尊卑
但在家在國事
親事君不拜之儀何可以訓彈曰誠哉奉君親者無宜不拜沙門不事王侯背恩天屬以拜爲訓似未之思
望請勤拜垂憲於後

謹議

長安縣令張松壽議狀一首

竊惟佛道二門虛寂一致縱不能練心方外
擯影人間猶須迹與俗分事與時隔然今出
家之輩多雜塵伍外以不屈自高內以私謁
爲務徒有入道之名竟無離俗之實彈曰不科簡懲

屈者奉法而然私謁者誡違教義只可峻其
波不逞之流寧容縱火崑崗而欲俱焚玉石
耶
至若君親之地礼兼臣子孝敬所宗義深
家國不有制度何以經綸望請僧尼道士女
冠等道爲時須事因法會者雖在君后聽依
舊式捨此已往並令攢拜若歸覲父母子道
宜伸如在觀寺任遵釋典彈曰夫僧尼合拜則無宜不拜不合
豈簡時方何得剃髮同是一人紛處便開異
礼法服始終無二豫事遂制殊徑此乃首鼠
兩端要時
妄立也
庶其以卑屈爲恥稍屏浮競以
道德自尊漸弘教法輒進愚管伏增慙戰謹
議
中臺司礼太常伯隴西王博乂執議狀奏一
首

司礼議僧尼道士女冠等拜君親等事
一千五百三十九人議請不拜
右大司成令狐德棻等議稱竊以凡百在位
咸隆奉上之道當其為師尚有不臣之義況
佛之垂法事越常規剃髮同於毀傷振錫異
乎簪紱出家非色養之境離塵豈榮名之地
功深濟度道極崇高何必破彼玄門牽斯儒
轍披法服而爲俗拜踐孔門而行釋禮存其
教而毀其道求其福而屈其身詳稽理要恐
有未愜又道之爲範雖全鬚膚出家超俗其
歸一揆加以遠標天構大啓皇基義藉尊嚴
式符高尚唯此二教相沿自久爰暨我唐徽

風益扇雖王猷遐暢實賴天功而聖輪常轉
式資冥助今儻一朝改舊無益將來於恒沙
之劫起毫塵之累則普天率土灰身粉骨何
以塞有隱之責蠲不忠之罪與其失於改創
不若謬於修文孔子曰因人所利而利之老
子曰聖人無常心以百姓心爲心二教所利
弘益多矣百姓之心歸信衆矣革其所利非
因利之道乖其本心非無心之謂請遵故實
不拜爲允伏惟陛下德掩上皇業光下問君
親崇敬雖啓神衷道法難虧還留睿想旣奉詢
蒭之旨敢罄塵嶽之誠懼不折衷追深戰惕謹議
三百五十四人議請拜

右兼司平太常伯閻立本等議稱臣聞剛折柔存扇玄風之妙旨苦形甘辱騰釋路之微言故能開善下之源私不輕之義是以聲聞降禮於居士柱史委質於周王此乃成緇服之表綴立黃冠之龜鏡自茲已降喪其宗軌歷代溺其眞理習俗守其迷途一人有作萬物斯覩紐維天地驅駕皇王轉金輪於勝境構玉京於玄域遂使尋眞道士追守藏之遐風落髮沙門弘禮足之縣典況太陽垂曜在天標無二之明大帝稱尊御宇極通三之貴且二教裁軌雖絕塵容事止出家未能逃國同賦形於娰鏡皆仰化於姚風豈有抗禮宸

居獨高眞軌然輕尊傲長在人爲悖臣君敬
父於道無嫌考詳其義跪拜爲允
前奉四月十六日勑旨欲令僧尼道士女冠
於君親致拜恐爽於恒情宜付有司詳議奏
聞者件狀如前伏聽　勑旨
令上停沙門拜君詔一首
東臺若夫華裔列聖異軫而齊驅中外裁風百
慮而同致自周宵隕照漢夢延輝妙化西移
慧流東被至於玄牝邃旨碧落希聲具開六
順之基偕叶五常之本而於愛敬之地忘乎
跪拜之儀其來永久罔革茲弊朕席圖登政
崇眞導俗凝襟解脫之津陶思常名之境正

以尊親之道禮經之格言孝友之義詩人之
明准豈可以絶塵峻範而忘恃怙之敬拔累
貞規洒遺溫凊之序前欲令道士女冠僧尼
等致拜將恐振駭恒心爰俾詳定有司咸引
典據兼陳情理沿革二塗紛綸相半朕商攉
群議沉研幽賾然箕潁之風高尚其事遐想
前載故亦有之今於君處勿須致拜其父母
之所慈育弥深祗伏斯曠更將安設自今已
後即不宜跪拜主者施行龍朔二年六月八
日西臺侍郎弘文館学士輕車都尉臣上官
儀宣

綿邑老人程士顒等上請表一首

臣言臣聞佛化所資在物斯貴良由拯沉冥於六道濟蒙識於三乘其德既弘其功亦大所以佛為法主幽顯之所歸依法為良藥煩惑由之清蕩僧為佛種弘演被於未際遂使歷代英主重道德而攜於清信賢明度子女而承繼因得僧尼遍於區宇垂範道於無窮

伏惟陛下慈濟九有開暢一乘愛敬之道兼隆成務之途逾遠近奉明詔令僧跪拜父母斯則崇揚孝始布軌敬源但佛有成教出家不拜其親欲使道俗殊津歸戒以之投附出處兩異真俗由之致乖莫非心受佛戒形具佛儀法綱懸殊敬相全別且自高尚之風人

主猶存抗禮豈惟臣下返受跪拜之儀俯仰撫循無由啓處意願國無兩敬大開方外之迹僧奉内教便得立身行道不任私懷之至謹奉表以聞塵黷威嚴伏增戰越謹言

直東臺舍人馮神德上

一道士僧尼請依舊僧尼在前（此一條在貞觀十一年因今合上）

一僧尼請依舊不拜父母

臣聞秘教東流因明后而闡化玄風西運憑至識以開宗故知弘濟千門義宣於雅道提誘萬品理塞於邪津只可隨聖教以抑揚豈得逐人事而興替沙門者求未來之勝果道士者信有生之自然自然者貴取性眞絶其

近僞之跡勝果者意存杜漸遠開趨道之心
誘濟源雖不同從善終歸一致伏惟皇帝陛
下包元建極御一飛貞乘大道以流謙順無
爲而下濟因心會物教不肅成今乃定道佛
之尊卑抑沙門之拜伏拜伏有同常禮未是
出俗之因尊卑物我之情豈曰無爲之妙陛
下道風攸闡釋教載陳每至齋忌皆令祈福
一依經教二者何獨乖違陛下者造化之神
宗父母者人子之慈稱陛下以至極之重猶
停拜敬之儀所生既曰人臣何得曲伸情禮
捨尊就愛棄重違經緣情猶尚不通據教若
爲行用陛下統天光道順物流形形物尚不

許違淨教何宜改作願陛下因天人之志順萬物之心停拜伏之新儀遵尊卑之舊貫庶望金光東曜不雜塵俗之悲紫氣西暉無驚物我之貴即大道不昧而得相於明時福業永貞庶重彰於聖日謹言

西明寺僧道宣等上榮國夫人楊氏請論拜事啓一首

僧道宣等啓竊聞紹隆法任必歸明哲崇護眞詮良資寵望伏惟夫人夙著熏修啓無疆之福早標信慧建不朽之因至於佛教威儀法門軌式實望特垂恩庇不使陵夷自勑被僧徒許隔朝拜誠當付囑之意寔深荷戴之情

然於父母猶令跪拜私懷徒慼佛教甚違若不早有申聞恐遂同於俗法僧等翹注莫敢披陳情用迴惶輒此投訴伏乞慈覆特爲上聞儻遂恩光彌深福慶不勝懇切之志謹奉啓以聞塵擾之深唯知悚息謹啓

大莊嚴寺僧威秀等上請表一首

謹録佛經出家沙門不合跪拜父母有損無益文如左

梵網經云出家人不向國王父母禮拜

順正理論云國君不求比丘禮拜

玄教東漸六百餘年上代皇王無不依經敬仰洎乎聖帝遵奉成教彌隆故得列刹相望

精廬峙接人知慕善家曉思懲僧等忝在生
靈詎忘忠孝明詔須下率土咸遵恐直筆史
臣書乖佛教萬代之後蕪穢皇風僧威秀等
言竊聞眞俗異區桑門割有生之戀幽顯殊
服田衣無拜首之容理固越情道仍外物況
擬形戒什鎔念律梁酬恩不以形骸致養期
於福善而今儀不改釋拜必同儒在僧有越
戒之愆居親有損福之累臣子之慮敢不盡
言伏惟陛下匡振遠猷提揚幽槩既已崇之於
國亦乞正之於家足使捨俗無習俗之儀出
家絕家人之敬護法斯在禔福莫先自然教
有可甄人知自勉不勝誠懇之至謹奉表以

聞塵黷扆旒伏增戰越
王華宮寺譯經沙門靜邁等上拜父母有損
表一首
沙門靜邁言竊言策係告先尊父屈體於其
子形章攸革介士不拜於君親伏以僧等揚
言紹佛嗣尊之義是同故愛敬降高乃折節
於其氣容服異俗形章之革不殊致使沙門
亦不肢屈於君父窮慈內外雖復繼形變則
而心敬君親敢有怠哉至如臣服薨君以日
易月形雖從吉而心喪三年是知遏密八音
其於三載循于心敬其來尚矣若令反拜父
母則道俗俱違佛戒顛沒扛坑淪迴未已况

動天地感鬼神者豈在於跪伏耶但公家之
利知無不爲恐因今創改萬有一累則負聖
上放習法之洪恩彌劫粉身奚以塞責伏惟
陛下廣開獻書之路通納芻言之辯輕塵聽
覽伏增戰汗謹言
襄州禪居寺僧崇拔上請父母同君上不令
出家人致拜表一首
沙門崇拔言伏聞道俗憲章形心異革形則
不拜君父用顯出處之儀心則敬通三大以
遵資養之重近奉恩勑令僧不拜君王而令
拜其父母斯則隆於愛敬之禮闕於經典之
教僧寶存而見輕歸戒没而長隱豈有君開

高尚之迹不勃佛言臣取下拜之儀而違聖
旨可謂放子爲求其福受拜仍獲其辜一化
致疑二理矛盾伏願請從君敬之禮以通臣
下之儀輕黷扆旒彌增隕越謹言
論曰威衛司列等狀詞則美矣其如理何咸
不惟故實昧於大義苟以屈膝爲敬不悟亡
脣之禍内經稱沙門拜俗損君父功德及以
壽命而抑令俯伏者胡言之不認輕發樞機
哉雖復各言其志亦何傷之太甚而威衛等
狀通塞兩兼司列等狀一途氷執或訪二議
優劣余以爲楚則失矣齊亦未爲得也然兩
兼則膚腠氷執乃膏肓故升威衛於乙科退

司列於景第至若範公質議則旨贍文華龐
西執奏言約理舉旣而人庶斯穆龜筮叶從
故得天渙下覃載降高尚之美慈育之地更
弭拜伏之仁時法侶名僧都鄙耆耋僉曰叶
私志矣違教如何於是具顯經文廣陳表啓
匪朝伊夕連詳庭闕但天門邃遠伸請靡由

奉詔求宗難爲去取易曰羝羊觸藩羸其角
方之釋侶豈不然歟
讚曰威衛之流議雖通塞以人廢道誠未爲
得司列等狀抑釋從儒拜傷君父詎曰忠謀
質議遒華敷陳簡要天人叶允爰垂璽詔恭
承明命式抃且歌顧瞻玄籍有累如何法俗

疇咨咸伸啓表披瀝丹欵未紆黃道進退惟
咎投措靡由仰希神禹疏茲法流

沙門不應拜俗揔論

釋彥琮曰夫沙門不拜俗者何蓋出處異流内外殊分居宗體極息慮忘身不汲汲以求生不區區以順化情超宇内迹寄寰中斯所以抗禮宸居背恩天屬化物不能遷其化生生無以累其生長揖君親斯其大旨也若推之人事稽諸訓詁則所不應拜其例十焉至如望秩山川郊祀天地欲其利物君盤洒誠今三寶住持歸戒弘益幽明翼化可略言焉斯神祇之流也爲祭之尸必叶昭穆割牲薦

孰時爲不臣今三寶一體敬僧如佛備乎內典無俟繁言斯祭主之流也杞宋之君二王之後王者所重敬爲國賓今僧爲法王之胤王者受佛付囑勸勵四部進修三行斯國賓之流也重道遵師則弗臣矣雖詔天子無北面焉今沙門傳佛至教導凡誘物嚴師敬學其在茲乎斯儒行之流也禮云介者不拜爲其失於容節故周亞夫長揖漢文也今沙門身被忍鎧戴剪欲軍掌握慧刀志摧心惑斯介冑之流也著代筮賓尊先冠作母兄致拜以禮成人今沙門以大法爲己任拯群生於塗炭敬遵遺躅祖承嫡胤斯傳重之流也竟

稱則天不屈顯陽之高武盡美矣終全孤竹之潔今沙門高尚其事不事王侯蟬蛻囂埃之中自致寰區之外斯逸人之流也犯五刑闕三木被箠楚嬰金鐵者不責其具礼今沙門剃毛髮絶胤嗣毀形体易衣服甚刑之流也又詔使雖微承天則貴沙门縱賤稟命宜尊況德動幽明化霑龍鬼静人天之苦浪清品庶之炎氛功既廣焉澤亦弘矣豈使絶塵之伍拜累君親閑放之流削同名教而已余幼耽斯務長頻搜尋採遺烈於青編纂前芳於汗簡重以感論暉於佛日鑿爝火以興詞庶永將來傳之好事又古今書論皆云不敬

據斯一字愚竊惑焉何者敬乃通心曲禮稱無不敬拜唯身屈周陳九拜之儀且君父尊嚴心敬無容不可法律崇重身拜有爽通經以拜代敬用將爲允故其書曰不拜爲文遠公有言曰淵鍪豈待晨露哉蓋自伸其罔極也此書之作亦猶是焉達鑒通賢儻無識矣

廣弘明集卷第二十五　聚

彥琮上魚箭反下在宗反　隋煬上音隨下余向反隋朝第二帝号　抗之上苦浪反　諷刺上方鳳反下七賜反　虐君上魚却反暴　峙上直里反立毋　悼徒到反傷也　緝七入反　援音園引也　杳深上煙曉反　襲音習　剔除上他的反削也　刊正上苦寒反一刻　郊禋

下音因叅也忍鎧下苦攺反丨甲懾之業反攞土上初近反槩古愛
反沖邃下私遂反幽深曰丨丨儔直流反丨侶也望袟下遅一反祭名
也雷霆下音庭覿徒的反見也瞻睹下覩字架築下音竹
傅弈付亦二音疢心上音救桑梓下音子丨丨木名也令之故里曰丨
丨襄陽上息羊反憤溉上房粉反丨丨怒氣也戢阻緇反荷恩也猥
賤上烏每反丨鄙也傜役上音遥嗜欲上音視閭里上力居反
闤闠上音還市垣也下音會市門也估販上音古正作賈下方万反丨賈劫
掠下音略穿踰下音俞正作窬穴墻也妖訛下愚和反豪猾上音
毫下玄八反强豪狡猾罹音離遭也陷咸字去聲黷亂上音讀稂莠
郎西二音二草名似稻生崎嶇上丘奇反下丘俱反丨丨路嶮也
甍宇上音萌飛簷也舛錯上尺軟反差丨鄽邸上直連反市丨
下音底客舍也屠酤徒姑二音屠殺也酤酒也羶腥上詩然反肉臭也下音星

也臭馭宇上音御反樸下疋角反貧丨流遯下亦作遁徒困反逃
也系胡計反裔羊逝反攸音由所也躅直欲反跡也瀨鄉上音
賴老子生處蒭蕘上昌朱反下音饒同前隄封上音嗁丨丨疆土也輶
軒上音由輕車也謚音蜜魏燾下音盜後魏名庇必二反丨陰惘音罔
正作調歎也戰戢下阻謚反寮寀下音采牧音目守也司也沛王
上必蓋反基布上音其集意謂祠寺多如布綦子也作基誤亟上紀力反宬

隆上烏瓜反丨下也隆高也京甸下音殿郊丨也叫閽下音昏丨守门者
九垓下古哀反道也稊稗上音啼下蒲賣反二草名叨倖下音幸投
月氏下音支国名薨乎弘反死也軾音式車前横木也譊減
上助衒反剗散上音枯割也下側畧反斬也抑挫上意力反下則臥反交
貿下莫候反蠱爻上音古卦名也下户交反丨象昊天上胡道反雜
沓下唐合反縻密碑反丨繫也號爲上音号毀呰下音紫訴

音尞告也 **抑揚**上憶制丨也 **駮雜**上少角反 **簪紱**上側參反冠也下拂

鋑服也 **研覈**下閑鬲反 **彝憲**上音夷常也法也 **稽古**上音鷄

神衷下音中 **愜**苦帖反 **宸扆**下於豈反天子屏風 **軔**音刃

礙車輪木也 **翾鵬**上兄緣反小飛也下音明大丨鳥也 **逸鷃**下音晏丨菌

雀也 **促椿**下丑倫反大椿樹有二萬年榮茂一云八千年促椿謂欲促其年短 遺

下昊殞反一名蕣朝生暮悴遠遠也今欲延遠其悴 **綸璽**下斯紫反綸天子

山言如經綸也璽天子玉印 **踞謁**上音據箕坐也 **介胄**上直右反介甲

也胄頸鎧也 **約弛**下尸尒反廢也 **五叟**下思斗反 **寘於**

上支義反置也 **舛**音喘差也 **芟薙**衫替二音削除草也 **盤礴**

下毘並反 **帶芥**上丑介反下音界丨丨芥也 **天潢**下音黃天河也

撝金上許爲反 **毫氂**下力之反 **搔首**上蘇刀反丨丨爬頭

捫心上音門捫摩也 **懸肝**上兄弦反 **瀝膽**下丁敢反 **徽婉**上音

嚶下音苑丨善美也適莫上音的丨丨厚薄之謂也蛙烏瓜反蝦蟇也竽
中上音于笙竽万頼下音頼同前企景上丘智反望也葵具惟反丨
常向日而開消俱玄反靦顏上他典反面慙也競惕上居陵反下他
的反丨丨謹慎也赧畏上女板反慙而面赤也較音角略也直也玄牝
下毗忍反雌也丨丨道之母也纞羽上音秘丨丨謂鸞鶴之馭也驤霞上息
羊反乘馬騰躍於雲霞也祛丘虛反除也薰滌下徒的反謂香薰洗滌也垣

躅下直欲反跡也懲革上音澄丨止也革改也不羈下居宜反膜拜
上莫胡反丨丨胡人禮拜也泯若上弥忍反滅也頓顙下蘇朗反以手至額
曰丨丨也覿徒的反見也姬周上居之反裸俗上玄瓦反赤體也摸
揩上莫胡反下口解反龍黼下音甫龍章也轂巾同前鷩弁上并滅反
丨似雞而小毛羽鮮彩下皮變反冠也禮有鷩冕也丨丨也彝式上音夷法也常
也貞遯下徒困反隱也肸響上許乙反丨丨遍布也藻掞下尸焰反

文藻舒也奮緝七入反續也甄微上居延反下丨謂識別急微也
耄齒上莫報反老丨弱齓下昌忍反幼年也搢紳
進申二音以笏帶曰丨丨也司禋下音因德棻下芳
文反簪紱上側參反下音拂同前暨其器反紬維上女九反緜典
上綿字長也姒鏡上音似褒丨周幽王之后極美也姚風上音摇後秦姓
也此時深崇佛法故曰丨丨華裔下羊逝反中華也邊裔也下亦作襄隕照
上羽敏反丨墜也丨丨謂恒星不明也玄牡下毗忍反同前邃旨上私遂反
偕叶上音皆俱也陶思上音桃下去聲陶暢也思念也恃怙市戶二音
韓詩曰無父何恃無母何怙温清下七性反涼也商搉下苦角反舉也幽
賾下助革反思愆下去乾反罪也幽繫下古愛反乞匄下音蓋
扆旒上於豈反天子坐屏也下音流冠垂也今云丨丨聖德之稱
遏密上於割反矛楯上莫侯反下時尹反膚腠上音夫皮丨也下七奏反

也肉膏肓鬲荒二音難治之病針藥不至曰丨丨也龜筮下音
逝龜卜也筮易卦也天漁下音魚風也下覃下徒南乏反也耆
耋下徒結反老也訴音素告也羝羊上音羖羊低觸蕃
下音翻丨籬也遒華上自由反下惠瓜反上誤作道璽詔上斯紫反
玉印也式抃下皮變反手也疇咨上直流反丨丨謀議也彥琮
上魚箭反下在宗反眊穆下音目明眊也穆穆敬也父照子穆骨譚眊改云部穆胤
余鎮反戡翦上音堪丨亦翦也掌握下於角反蓍代上音尸丨草也
採以為卦作著誤筮賓上音逝丨丨冠阼上音貫下才句反条也又主階
也嫡胤上音的至也下羊鎮反丨嗣也蟬蛻下音稅脫殼也囂埃上許
嬌反喧也下音哀塵丨也箠楚上之委反丨丨策也炎氛上于廉反下扶云反
丨丨熱氣也爨子管反爝火上音雀又才紛反炬火也淵壑下呼各反
丨丨深谷也勑賚下郎代反賜也水犀下音西朱〓琰以檢反韡

反熱旻音閩深刂魚陵反淵粹上烏懸反深丨下私遂反純丨鉤
深上古侯反張敞下昌兩反作敞非褒貶上必毛反美也下悲檢反黜也
繁複下音福重也軌則上居水反粗陳坐五反丨疏也研覈下閑
華反考也實也窺傾彌反視也無寘下之義反廢也屏黜上音餅除也下
丑律反退也